법 화 경

제 1 책

김 현 준 옮김

법화경을 독송하면 제불께서 지켜주어
한량없는 공덕과 복 안정된 삶 얻게 되고
원하는 바 뜻과 같이 만족스레 성취하며
마침내는 신통력과 무생법인 증득하리

효림

법 화 경

제 1 책

차 례

제1책

이 법화경을 읽는 분에게	6
법화경 독송 방법	8

제1권
제1 서품	15
제2 방편품	42

제2권
제3 비유품	77
제4 신해품	123

제3권
제5 약초유품	149
제6 수기품	162

제2책

제3권
제7 화성유품	7

제4권
제8 오백제자수기품	49
제9 수학무학인기품	65
제10 법사품	74
제11 견보탑품	89
제12 제바달다품	107
제13 지품	120

제5권
제14 안락행품	131
제15 종지용출품	155

제3책

제5권
제16 여래수량품	7
제17 분별공덕품	22

제6권
제18 수희공덕품	43
제19 법사공덕품	52
제20 상불경보살품	71
제21 여래신력품	81
제22 촉루품	89
제23 약왕보살본사품	93

제7권
제24 묘음보살품	113
제25 관세음보살보문품	126
제26 다라니품	143
제27 묘장엄왕본사품	151
제28 보현보살권발품	164

용어 풀이	176

이 법화경을 읽는 분에게

    화엄경과 함께 대승불교 최상의 경전으로 받들어지고 있는 법화경(묘법연화경). 석가모니불께서 모든 중생을 일불승一佛乘의 수레에 태워 부처님 되게 하고자 설하신 법화경. 복덕과 공덕이 참으로 크고 넓은 법화경.

    이 법화경은 번역하기가 매우 어려운 것으로 전해지고 있습니다. 그런데 저는 번역하는 내내 환희심이 가득하였습니다. 기쁘고 즐겁고 평화롭기 그지없었습니다. 그리고 크게 향상하고 있음을 느낄 수 있었습니다.

    법화경을 독송해보십시오. 법화경을 보고 읽고 마음에 새기게 되면 그 어떤 기도보다 크나큰 성취를 안겨주며, 우리의 삶을 밝고 바르고 행복한 쪽으로 나아가게 만듭니다.

    더욱이 이 법화경을 7번 이상 꾸준히 독송하면 대우주 법계의 한량없는 가피가 저절로 찾아들어 밝은 지혜를 이루게 될 뿐 아니라, 경제적인 풍요·집안평안·시험합격·영가천도 등의 갖가지 소원을 쉽게 성취할 수 있습니다.

    특히 다음과 같은 원의 성취를 바란다면 법화경을 독송하십시오.

- 불법 속에서 흔들림 없는 믿음을 얻고 크게 향상하고자 할 때
- 경제적인 풍요와 사업의 번창 등을 바랄 때
- 업장을 녹이고 소원을 성취하고자 할 때
- 구하는 바를 뜻과 같이 이루고자 할 때
- 가족의 화목과 집안의 평온과 복되고 안정된 삶을 원할 때
- 수명을 잇고 내생에 좋은 국토에 태어나고자 할 때

- 입시 등 각종 시험의 합격과 보다 높은 자리로 승진되기를 바랄 때
- 각종 병환·빈궁함·천박함·재난·근심걱정 없이 살고자 할 때
- 부모 및 일가친척의 영가를 잘 천도시키고자 할 때
- 각종 귀신 및 마구니의 장애에서 벗어나고 선신의 보호를 받고자 할 때
- 마음공부를 성취하여 마침내 성불하고자 할 때

이 밖에도 법화경 독송의 영험은 이루 다 말할 수 없습니다. 옛 법화경 영험담들을 살펴보면, 독송을 하고자 굳게 결심을 하였거나 독송을 시작하는 것과 동시에 업이 바뀌는 사례를 많이 발견할 수 있습니다.

깊은 믿음과 환희심을 품고 법화경을 독송해 보십시오 틀림없이 대우주 법계에 가득한 불보살님들의 가피를 입어, 소원을 원만하게 성취함은 물론이요 크나큰 향상과 깨달음도 함께하게 될 것이라 확신합니다.

여법하게 잘 독송하시기를 두손 모아 축원드리면서, 이 경전을 번역하고 발간한 공덕을 모든 이들의 행복과 평화와 깨달음에로 회향합니다.

불기2562년 부처님오신날
김현준 합장

※ 당나라 삼장법사 구마라집의 한문 번역본을 저본으로 삼았습니다.
※ 초판에서는 법화경 전체를 양장본 1책으로 만들어 7천 권을 보급하였는데 너무 무거워 가지고 다니기 힘들다는 이야기들이 있어 이 개정판에서는 상·중·하 3책으로 만들었고, 본문 번역도 많이 수정하였습니다.

법화경 독송 방법

1) 경문을 읽기 전에
① 먼저 3배를 올리고,
"시방세계에 가득하신 불보살님이시여, 감사합니다.
부처님 잘 모시고 법화경의 가르침을 잘 받들며 살겠습니다."(3번)

② 이렇게 기본적인 축원을 세 번 한 다음, 꼭 성취되기를 바라는 일상의 소원들을 함께 축원하십시오. 예를 들겠습니다,
"대자대비하신 영산회상 불보살님이시여. 가피를 내려 저희 가족 모두 늘 건강하옵고 뜻과 같이 이루어지이다. 또한 지금 하는 일이 잘 되어 경제적으로 풍요로워지고 가족 모두 복된 삶을 이루게 하옵소서."(3번)
이 예와 같이 구체적인 소원들을 문장으로 만들어 10페이지의 '법화경 독송 발원문'난에 써놓고, 독송을 시작하기 전과 독송을 마친 다음에 축원을 하면 좋습니다. 이때의 축원은 어떠한 것이라도 좋습니다. 꼭 이루어졌으면 하는 소원들을 불보살님께 솔직하게 바치면 됩니다.

③ 축원을 한 다음 「개경게」와 「개법장진언」 '옴 아라남 아라다'를 염송하고, 개법장진언 다음에는 '나무 일불승최상법문 묘법연화경(南無 一佛乘最上法門 妙法蓮華經)'을 세 번 꼭 외우십시오.
"나무 일불승최상법문 묘법연화경"(3번)
경의 제목은 그 경전 내용의 핵심을 담고 있으므로 공덕이 더욱 크다는 것을 마음에 새겨, 꼭 세 번씩 독송하시기를 당부드립니다.

2) 경문을 읽을 때

① 법화경을 읽을 때는 반드시 '나' 스스로에게, 그리고 법계의 중생들에게 들려준다는 자세로 정성껏 읽어야 합니다. 절대로 '그냥 한 편을 읽기만 하면 된다'는 자세로 번뇌 속에서 읽어서는 안 됩니다. 스스로 뜻을 새기고 이해를 하며 읽는 것이 무엇보다 중요하다는 것을 꼭 명심하시기 바랍니다.

만일 소리내어 독경할 경우에 내용이 잘 이해되지 않고 집중이 잘 되지 않으면, 소리를 내지 않고 속으로 뜻을 새기며 읽는 정독을 하는 것이 오히려 더 바람직합니다. 경우에 따라서는 정독과 소리내는 독경을 번갈아 하는 것도 좋습니다.

② 법화경을 읽다가 특별히 마음에 와닿는 구절이 있거나, 이해가 잘 되지 않는 부분이 있으면 다시 한 번 읽으며 사색에 잠기는 것이 좋습니다. 독경을 한다고 하여 처음부터 끝까지 좔좔좔 시냇물 흘러가듯 읽어내려가야 할 필요는 없습니다. 왜냐하면 독경보다는 간경看經이 훨씬 더 수승한 공덕을 나타내기 때문입니다.

간경은 경전을 눈으로 보고 입으로 읽는 것을 넘어서서, 마음으로 보고 마음으로 느끼며 읽는 것입니다. 경전의 내용이 '나'의 마음 속에 또렷이 살아 있도록 하는 것, 경전의 내용을 '나'의 것으로 만드는 것이 간경입니다.

이렇게 간경을 하면 법화경의 내용이 차츰 '나'의 것이 되고, 법화경의 가르침이 '나'의 것이 되면 보현보살과 불이不二가 되어, 기도성취는 물론이요 무량공덕이 저절로 생겨나게 됩니다. 거듭거듭 당부드리오니, 결코 형식적으로 읽지 마시기 바랍니다.

③ 법화경을 다 읽었으면 다시 축원을 해야 합니다. 곧 '법화경 독송 발원문'에 써 놓은 것을 세 번 읽으면 됩니다.

④ 마지막으로 회향축원을 세 번 하여야 합니다.
"법화경을 읽은 공덕을 온 법계와 일체 중생의 발보리심과 해탈과 행복에 회향하옵니다. 아울러 저희의 지은 업장이 모두 소멸되고 위없는 깨달음을 이루어지이다."(3번)
꼭 법화경을 읽은 공덕을 회향하여 마음밭에 새로운 씨를 심으시기 바랍니다.

3) 독송의 기간·횟수 및 자세

① 가피·고난퇴치·발심·소원성취를 이룰 목적으로 법화경을 읽을 때는 최소한 전체를 7번 독송하여야 하며, 보통의 경우에는 백일기도가 적합합니다. 옛 어른들은 발심과 위 없는 깨달음을 기원하며 천일기도를 행한 이들이 많고 평생을 독송한 이도 있습니다. 또 영가천도를 위해서는 7번 또는 49번을 읽으면 매우 좋습니다.

② 독송 횟수는 총 7권으로 구성되어 있는 법화경을 하루에 1권씩 읽는 것 또는 3책으로 만든 이 법화경을 하루에 1책씩 읽는 것을 기본으로 하며, 독송량을 법화경 전체 또는 형편에 맞게 줄여서 읽어도 좋습니다. 사람에 따라 형편과 능력이 다를 것이므로 자신에게 맞게 독송 기간과 횟수를 잘 선택하여 기도하시면 됩니다. 만일 시간이 많지 않은 사람은 하루에 보통 분량의 반만을 읽어도 좋으니, 스스로가 정한 횟수를 채우기 바랍니다. 단, 한번 정하였으면 아주 특별한 일이 아닌 이상 변경하지 않는 것이 좋습니다.

③ 기한이나 횟수를 정하여 꾸준히 기도를 하다 보면 그 날짜가 다 채워지기도 전에 가피를 입는 듯한 징조를 감지하게 되는 경우가 있습니다. 그렇다고 하여 회향일 전에 기도를 그만두지 말고, 꾸준히 계속하여 날짜를 채우는 것이 좋습니다.

④ 독경을 할 때는 무릎을 꿇고 앉든지, 가부좌한 자세로 단정히 앉아 행하여야 합니다. 또 가부좌를 하기가 힘이 든다면 의자에 단정히 앉아 행하여도 괜찮습니다. 그리고 바르게 앉을 수 없을 만큼 몸이 좋지 않은 경우라면 벽에 기대거나 누워서 해도 무방합니다. 물론 병상의 환자는 침대에서 편안한 자세로 독경하면 됩니다.

⑤ 특별한 사정으로 기도를 할 수 없는 경우라면 스스로가 정한 시간만큼 어디서든 하는 것이 좋고, 그것이 어려우면 단 세 번이라도 '나무 일불승최상법문 묘법연화경'의 명호를 외운 다음 사정을 고해야 합니다.

"오늘은 특별한 사정 때문에 기도를 제대로 행하지 못하게 되었습니다. 이 허물을 받아 주시옵소서. 내일은 올바로 잘하겠습니다."

그리고 스스로가 세운 축원과 발원을 염하십시오. 이렇게 하면 한 번 하지 않은 것을 핑계삼아 계속하지 않게 되는 허물을 막을 수 있습니다.

여법하게 잘 독경하시기를 축원드립니다.

※ 이 책의 말미에는 어려운 낱말들을 간략하게 설명한 '용어풀이'를 가나다순으로 엮어 놓았습니다. 참고하시기 바랍니다.

법화경 독송 발원문

시방세계에 가득하신 불보살님이시여 감사합니다.

부처님 잘 모시고 법화경의 가르침을 잘 받들며 살겠습니다. (3번)

개경게 / 開經偈

가장높고 심히깊은 부처님법문
무상심심미묘법
無上甚深微妙法

백천만겁 지나간들 어찌만나리
백천만겁난조우
百千萬劫難遭遇

저희이제 보고듣고 받아지녀서
아금문견득수지
我今聞見得受持

부처님의 진실한뜻 깨치오리다
원해여래진실의
願解如來眞實意

開法藏眞言
개법장진언   옴 아라남 아라다 (3번)

南無 一佛乘最上法門 妙法蓮華經
나무 일불승최상법문 묘법연화경 (3번)

묘법연화경 제1권

제1 서품
第一 序品

이와 같이 나는 들었다.

　어느 때 부처님께서는 왕사성(王舍城)의 기사굴산(耆闍崛山)(영축산)에서 큰 비구제자 1만 2천인과 함께 계시었다. 그들 모두는 아라한(阿羅漢)으로, 계(戒)를 어김이 없고 번뇌를 다 끊었으며, 자기를 이롭게 하는 법을 얻어 모든 결박을 벗어났으며, 자유자재한 마음을 얻은 이들이었다.

　그 이름은 아야교진여·마하가섭·우루빈나가섭·가야가섭·나제가섭·사리불·대목건련·마하가전연·아누루타·겁빈나·교범바제·이바다·필릉가바차·박구라·마하구치라·난타·손타라난타·부루나미다라니자·수보리·아난·라후라 등으로, 세상 사람들에게 널리 알려진 대아라한들이었다.

또 아직 배울 것이 남아 있는 유학(有學)비구와 더 이상 배울 것이 없는 무학(無學)비구 2천인도 함께 있었으며, 마하파사파제 비구니와 그 권속(眷屬) 6천인도 함께 하였고, 라후라의 어머니인 야수다라 비구니와 그 권속들도 함께 있었다.

보살(菩薩)의 무리 8만인도 함께 있었으니, 모두가 물러남 없이 아뇩다라삼먁삼보리(阿耨多羅三藐三菩提)(위없는 바른 깨달음)를 얻고자 하였고, 다라니(陀羅尼)와 자유자재하게 설법하는 능력인 요설변재(樂說辯才)를 얻어 불퇴전(不退轉)의 법륜을 굴렸으며, 한량없이 많은 부처님께 공양을 올리고 온갖 선근을 심었으므로 부처님들께서 늘 칭찬하셨다. 또한 몸으로 자비행을 닦고 부처님의 지혜를 잘 이해하여 대반야를 통달하고 피안(彼岸)에 이르렀으며, 수많은 중생을 제도하여 그 이름이 한량없는 세계에 두루 퍼진 이들이었다.

그 이름은 문수사리보살(文殊師利菩薩)·관세음보살(觀世音菩薩)·득대세보살(得大勢菩薩)·상정진보살(常精進菩薩)·불휴식보살(不休息菩薩)·보장보살(寶掌菩薩)·약왕보살(藥王菩薩)·용시보살(勇施菩薩)·보월보살(寶月菩薩)·월광보살(月光菩薩)·만월보살(滿月菩薩)·대력보살(大力菩薩)·무량력보살(無量力菩薩)·월삼계보살(越三界菩薩)·발타바라보살(跋陀婆羅菩薩)·미륵보살(彌勒菩薩)·보적보살(寶積菩薩)·도사보살(導師菩薩) 등이며, 이러한 보살의 무리 8만인이 함께 있었다.

또한 그곳에는 도리천의 왕인 석제환인(釋提桓因)(제석천왕)은 명월천자(明月天子)·보향천자(普香天子)·보광천자(寶光天子)를 비롯한 권속 2만 천자와 함께 있었고, 사대천왕(四大天王)은 권속 1만 천자와 함께 있었으며, 자재천자(自在天子)·대자재천자(大自在天子)는 권속 3만 천자, 사바세계의 주인인 범천왕(梵天王)은 시기대범(尸棄大梵)·광명대범(光明大梵)을 비롯한 권속 1만 2천 천자와 함께 있었다.

또 여덟 용왕(龍王)인 난타용왕·발난타용왕·사가라용왕·화수길용왕·덕차가용왕·아나바달다용왕·마나사용왕·우발라용왕도 각기 백천 권속들과 함께 있었다.

또 네 긴나라왕인 법긴나라왕·묘법긴나라왕·대법긴나라왕·지법긴나라왕도 각기 백천 권속들과 함께 있었다.

또 네 건달바왕인 낙건달바왕·낙음건달바왕·미건달바왕·미음건달바왕도 각기 백천 권속들과 함께 있었다.

또 네 아수라왕인 바치아수라왕·거라건타아수라왕·비마질다아수라왕·나후아수라왕도 각기 백천 권속들과 함께 있었다.

또 가루라왕인 대위덕가루라왕·대신가루라왕·대만가루라왕·여의가루라왕도 각기 백천 권속들과 함께 있었다.

또 위제희 왕비의 아들인 아사세왕도 백천 권속들과 함께 와서 각기 부처님의 발에 머리 숙여 예배드리고 한쪽으로 물러나 앉았다.

그때 부처님께서는 사부대중에게 둘러싸여 공양과 공경과 존중과 찬탄을 받으며 보살들을 위해 대승의 가르침인 무량의경(無量義經)을 설하셨나니, 이는 보살을 가르치는 법이요 부처님들께서 보호하고 살피시는〔護念(호념)〕 경이었다.

부처님께서는 무량의경을 설하신 뒤에 결가부좌 하고 무량의처삼매(無量義處三昧)에 들어, 몸과 마음을 움직이지 않으셨다. 이때 하늘에서 만다라화·마하만다라화·만수사화·마하만수사화 등의 꽃비를 내려 부처님과 대중들에게 뿌렸으며, 모든 불국토는 여섯 가지로 진동〔六種震動(육종진동)〕하였다.

그곳에 있던 비구·비구니·우바새·우바이 및 천자·용·야차·건달바·아수라·가루라·긴나라·마후라가·인비인(人非人)(사람과 사람이 아닌 이), 여러 작은 나라의 왕들과 전륜성왕(轉輪聖王) 등은 이 모두가 전에 없었던 일인지라 환희하며, 합장을 하고 일심으로 부처님을 우러러보았다.

그때 부처님께서 미간의 백호(白毫)에서 광명을

놓아 동방으로 1만 8천세계를 두루 비추시니, 아래로는 아비지옥(阿鼻地獄)에서 위로는 가장 높은 하늘인 색구경천(色究竟天)까지 이르렀고, 그 세계의 육도(六道) 중생과 현재 그곳에 계신 부처님들도 보였으며, 부처님들께서 경을 설하시는 것도 들을 수 있었다.

또 그곳에 있는 비구·비구니·우바새·우바이들이 수행을 하고 도를 얻는 것도 보였고, 보살마하살들의 갖가지 인연과 갖가지 신해(信解)와 갖가지 모습으로 보살도(菩薩道)를 행하는 것도 보였다.

또 부처님들께서 열반(涅槃)에 드시는 모습도 보였으며, 열반에 드신 뒤에 그 부처님의 사리(舍利)를 모시고 칠보탑(七寶塔)을 세우는 것도 보였다.

그때 미륵보살은 생각하였다.

'지금 부처님께서는 신통 변화의 모습을 나타내셨다. 그런데 무슨 까닭으로 이와 같은 상서(祥瑞)를 나타내신 것일까? 지금 부처님께서 삼매에 들어 계신다. 이 불가사의하고 희유한(稀有/매우 보기 드문) 일이 나타나게 된 까닭을 누구에게 물어야 하며, 누가 능히 대답할 수 있을까?'

그리고는 다시 생각하였다.

'문수사리(文殊師利) 법왕자(法王子)는 일찍부터 수많은 부처님을 가까이 모시고 공양하였으니, 이와 같은 희유한 일을 경험한 적이 있을 것이다. 내 지금 그에게 물어보리라.'

그때 비구·비구니·우바새·우바이와 모든 천(天)·용·귀신 등도 생각하였다.

'부처님께서 광명과 신통변화를 나타내고 계시는 까닭을 누구에게 물어야 하는가?'

비구·비구니·우바새·우바이의 사부대중과 천·용·귀신 등의 마음을 꿰뚫어 본 미륵보살은 모두의 의심을 풀고자 문수사리보살에게 여쭈었다.

"무슨 인연으로 부처님께서 큰 빛을 놓아 동쪽에 있는 1만 8천세계를 비추시고, 상서로운 신통(神通)을 나타내어 그 불국토의 장관을 모두 볼 수 있게 하고 계십니까?"

미륵보살은 거듭 게송으로 여쭈었다.

문수사리 법왕자여 도사(導師)이신 여래께서
미간백호 에서부터 대광명을 발하시자
만다라화 만수사화 비오듯이 내려오고
전단향의 바람불어 대중에게 기쁨주며
이인연을 말미암아 땅이모두 정화되고
모든세계 육종(六種)으로 진동하고 있습니다
이를보는 사부대중 하나같이 환희하고
몸과마음 쾌락하니 일찍없던 일입니다
미간백호 광명으로 동방세계 비추시니
일만팔천 모든국토 금빛처럼 찬란하고
아비지옥 에서부터 유정천의 하늘까지
많고많은 세계속을 윤회하는 육도중생
나고죽고 가는곳과 좋고나쁜 업을따라
받게되는 과보들이 남김없이 보입니다

성스럽고 거룩하신 많고많은 부처님의
설하시는 경전들은 미묘하기 그지없고
청정하온 그음성과 부드러운 말씀으로
셀수없는 억만보살 대중들을 가르치니
깊고묘한 범음설법 모두즐겨 듣나이다
모든세계 곳곳에서 바른법을 설하시되
여러가지 인연법과 한량없는 비유로써
불법 밝게 설하시어 중생들을 깨우치니
늙음병듦 죽는고통 싫어하는 이에게는
열반법문 설하시어 고통 모두 없애주고
부처님께 공양하며 복을쌓은 어떤이가
훌륭한법 구할지면 연각법문 설해주며
여러가지 실천행을 닦아익힌 불자들이
무상지혜 구할지면 청정한도 설합니다
문수사리 법왕자여 제가지금 보고들은
천억가지 많은일을 간략하게 말하리다
제가보니 저국토의 항하사수 보살들은
여러가지 인연지어 깨달음을 구합니다

어떤보살 보시하되 금과은과 산호진주
마니주와 자거마노 금강석등 보배들과
노비수레 보배가마 기쁨으로 보시하고
그공덕을 남김없이 부처님께 회향하며
삼계에서 제일가는 대승법을 구하기에
시방세계 제불(諸佛)께서 모두칭찬 하십니다
또한어떤 보살들은 네마리의 말이끌고
아름답게 꽃장식한 보배수레 보시하고
또한어떤 보살들은 손과발과 몸뚱이와
처자까지 보시하여 위없는도 구하오며
또한어떤 보살들은 눈과머리 온몸들을
기쁨으로 보시하여 부처지혜 구합니다
문수사리 법왕자여 제가보니 여러왕들
부처님께 나아가서 위없는도 여쭙고는
그국토와 좋은궁전 첩과신하 다버리고
수염머리 깎은다음 법복입고 도닦으며
또한어떤 보살들은 큰뜻품고 비구되어
고요한데 홀로살며 경전즐겨 읽습니다

또한 어떤 보살들은 깊은 산에 들어가서
용맹정진 계속하며 부처의 도(道) 사유하고
어떤 이는 욕심 떠나 고요한데 머물면서
깊은 선정 능히 닦아 오신통(五神通)을 얻습니다
또한 어떤 보살들은 합장하고 정(定)에 들어
천만 가지 게송으로 부처님을 찬탄하고
또한 어떤 보살들은 지혜 깊고 뜻이 곧아
부처님께 법을 묻고 들은 대로 간직하며
또한 어떤 불자들은 선정 지혜 구족하고
한량없는 비유로써 대중 위해 법 설하되
흔쾌하게 설법하여 여러 보살 교화하고
마구니들 항복받아 법고(法鼓) 둥둥 울립니다
또한 어떤 보살들은 고요함에 깊이 잠겨
천(天)과 용(龍)이 공경해도 기뻐하지 아니하고
또한 어떤 보살들은 숲속에서 방광하여
지옥 중생 제도하고 불도(佛道) 속에 들게 하며
또한 어떤 불자들은 잠도 자지 아니하고
숲속 길을 거닐면서 부처의 도 구합니다

제1 서품 · 25

또한 보니 계(戒) 갖추고 몸가짐을 바로하되
구슬같이 맑게 하여 부처님의 도구하고
또한 어떤 불자들은 인욕하는 힘이 좋아
버릇없고 교만한자 욕을 하며 헐뜯어도
모든 것을 능히 참아 부처의 도 구합니다
또한 어떤 보살들은 희롱함과 비웃음과
어리석은 무리 떠나 지혜인을 친근하고
산란 없는 일심으로 산림에서 선정 닦아
억천만년 세월토록 부처의 도 구합니다
또한 어떤 보살들은 좋은 음식 맛난 반찬
여러 가지 탕약들을 삼보님께 보시하고
한량없이 값이 비싼 아름다운 의복이나
값도 모를 좋은 옷을 삼보님께 보시하며
천만억의 보배들과 전단으로 지은 집과
가지가지 묘한 침구 삼보님께 보시하고
꽃과 과일 무성하고 샘과 연못 모두 갖춘
아름다운 숲과 동산 삼보님께 바치나니
이와 같이 아름답고 미묘한 것 보시하며

오직 기쁜 마음으로 위없는 도 구합니다
또한 어떤 보살들은 적멸법(寂滅法)을 설하시되
가지가지 방편 써서 무수 중생 교화하고
또한 어떤 보살들은 법의 성품 허공 같아
두 모양이 없는 줄을 남김없이 관찰하며
또한 어떤 불자들은 집착하는 마음 없는
밝고 맑은 지혜로써 위없는 도 구합니다
문수사리 법왕자여 또한 어떤 보살들은
부처님의 열반 이후 진신사리 공양하고
또한 어떤 불자들은 항하강의 모래만큼
무량 무수 탑을 세워 국토마다 장엄하니
아름다운 보배탑은 높이 오천 유순(由旬)이요
가로세로 그 길이는 이천 유순 이옵니다
하나하나 불탑마다 당과 깃발 일천이요
보배구슬 늘여 달고 방울소리 울려오니
천인들과 용과 신과 사람 등의 모든 중생
꽃과 향과 기악으로 항상 공양 하옵니다
문수사리 법왕자여 많고 많은 불자들이

불사리에 공양하고 모든탑을 장엄하니
이세계가 그지없이 아름답고 찬란하여
도리천의 보배꽃이 활짝핀듯 하옵니다
세존께서 한줄기의 큰광명을 발하심에
이세계의 아름답고 아주멋진 모습들을
나와모든 대중들이 빠짐없이 보나이다
제불여래 신통력과 보기드문 지혜로써
밝은광명 발하시어 무량세계 비추시니
이를보는 저희들은 신비로울 뿐입니다
문수사리 법왕자여 의심풀어 주옵소서
여기모인 사부대중 나와그대 바라보니
세존께서 무슨일로 이광명을 발했는지
법왕자여 대답하여 의심풀어 주옵소서
무슨이익 주시려고 광명발한 것입니까
부처님이 도량에서 깨달으신 微妙法 미묘법을
설하시려 함입니까 수기주려 함입니까
보배로써 장엄하온 모든국토 보여주며
부처님들 뵙게하니 무슨까닭 이옵니까

문수사리 법왕자여 사부중(四部衆)과 용과신들
답을듣기 원하오니 그까닭을 설하소서

　그때 문수사리보살이 미륵보살마하살과 보살들에게 이르셨다.
　"선남자(善男子)들이여, 나의 생각에는 세존께서 지금 큰 법을 설하려 하시고, 큰 법의 비를 내리려 하시고, 큰 법의 나팔을 불려 하시고, 큰 법의 북을 치려하시고, 큰 법의 뜻을 풀이하려는 것 같습니다.
　선남자들이여, 나는 일찍이 과거의 여러 부처님 계신 곳에서 이러한 상서로운 징조를 보았나니, 이러한 빛을 놓으신 다음에는 곧 큰 법을 설하셨습니다. 지금 부처님께서 빛을 나타내신 것 또한 그와 같아서, 중생들로 하여금 이 세상에서는 믿기가 어려운 법을 듣게 하고 알게 하시고자 이러한 상서를 나타내신 것입니다.

선남자들이여, 과거 무량무변(無量無邊, 한량없고 가이없는) 불가사의한 아승지겁 전에 부처님이 계셨으니 이름이 일월등명여래·응공·정변지·명행족·선서·세간해·무상사·조어장부·천인사·불세존이셨습니다.

그 부처님께서 설하신 바른 법〔正法〕은 처음도 좋았고 중간도 좋았고 끝도 좋았습니다. 그 뜻은 매우 깊고 말씀은 오묘하였으며, 순수하여 잡됨이 없고 청정한 수행의 모습을 완전히 갖추었습니다.

성문의 경지를 구하는 이에게는 사제법을 설하시어 생로병사를 벗어난 열반을 얻게 하셨고, 벽지불의 경지를 구하는 이에게는 십이인연법을 설하셨으며, 보살들에게는 육바라밀을 설하시어 아뇩다라삼먁삼보리를 얻고 일체종지(모든 것을 아는 부처님의 지혜)를 이루게 하셨습니다.

그 다음에 또 부처님이 계셨는데 이름을 일월등명이라 하였으며, 그 다음에 출세하신 부처님 이름 또한 일월등명이셨습니다. 그 후로도 2만 부처님께서 모두 일월등명이라는 이름을 지니셨고 성 또한 하나같이 파라타(頗羅墮)였습니다.

미륵이여, 이처럼 처음 부처님과 뒤에 출현하신 부처님의 이름이 모두 같았고 여래의 십호(十號)를 갖추었으며, 설하신 법문 또한 처음도 좋고 중간도 좋고 끝도 좋았습니다.

2만의 일월등명불 중 맨 마지막 부처님은 출가하시기 전에 여덟 왕자를 두셨는데, 그들의 이름은 유의(有意)·선의(善意)·무량의(無量意)·보의(寶意)·증의(增意)·제의(除疑意)·향의(響意)·법의(法意)입니다.

이 여덟 왕자는 위엄과 덕이 출중하여 각기 천하를 다스리다가, 부왕께서 출가하여 아뇩다라삼먁삼보리를 얻었다는 소식을 듣고는 모두 왕위를 버리고 출가하였습니다. 대승(大乘)의 뜻을 발한 그들은 항상 청정한 행을 닦아 법사(法師)가 되었는데, 그들은 이미 수많은 부처님 밑에서 갖가지 선근을 심은 이들이었습니다.

그때 일월등명불께서 대승경전을 설하셨으니 이름이 무량의경(無量義經)이라, 보살을 가르치는 법이요 부처님께서 보호하고 살피시는 경입니다.

일월등명불께서는 이 가르침을 다 설하신 다음, 대중 가운데에서 결가부좌하고 무량의처삼매(無量義處三昧)에 들어 몸과 마음을 움직이지 않았습니다. 그러자 하늘에서 만다라화·마하만다라화·만수사화·마하만수사화를 일월등명불과 대중 위에 뿌렸고, 모든 불국토는 여섯 가지로 진동하였습니다.

그때 그곳에 있던 비구·비구니·우바새·우바이와 천·용·야차·건달바·아수라·가루라·긴나라·마후라가와 인비인(人非人), 여러 작은 나라의 왕들과 전륜성왕(轉輪聖王) 등은 이 모두가 전에 없었던 일인지라, 매우 기뻐하여 합장을 하고 일심으로 일월등명불을 우러러보았습니다.

일월등명불께서는 미간의 백호에서 광명을

놓아 동쪽에 있는 1만 8천 불국토를 두루 비추셨는데, 그 불국토들의 모습은 지금 보고 있는 이 불국토들과 같았습니다.

미륵이여, 그때 그곳에서 법문을 듣기 원했던 20억 보살들은 백호광명이 불국토를 두루 비추는 것을 보고는 몹시 놀라워하면서, 그 광명이 나타나게 된 인연을 알고자 하였습니다.

당시 그곳에는 묘광이라는 보살이 8백 명의 제자를 거느리고 앉아 있었는데, 일월등명불께서 삼매에서 일어나 묘광보살을 향해 대승 경전을 설하시니 그 이름이 묘법연화경(妙法蓮華經)이라, 보살을 가르치는 법이요 부처님께서 보호하고 살피시는 경입니다.

그때 일월등명불께서 60소겁(小劫) 동안 자리에서 일어나지 않으셨고, 모인 대중 또한 한 자리에 앉아 60소겁 동안 몸과 마음을 움직이지 않은 채 설법을 들음이 마치 밥 한 끼를 먹는 동안

인 일식경(一食頃)처럼 여겨졌기에, 어느 누구도 몸과 마음으로 게으름을 피우거나 권태로워하지 않았습니다.

일월등명불께서는 60소겁 동안 이 묘법연화경을 다 설하신 뒤, 범천왕·마왕·사문·바라문들과 천인·인간·아수라 등 모든 대중에게 이르셨습니다.

'나는 오늘 밤 무여열반(無餘涅槃)에 들 것이다.'

그때 한 보살이 있었으니 이름이 덕장(德藏)이라, 일월등명불께서 이 보살에게 수기를 주시고 비구들에게 이르셨습니다.

'이 덕장보살은 다음에 부처되어, 그 이름을 정신 다타아가도(淨身 多陀阿伽度)(여래)·아라하(阿羅訶)(응공)·삼먁삼불타(三藐三佛陀)(정변지)라 할 것이다.'

이렇게 수기를 주신 뒤 밤이 되자 무여열반에 드셨습니다.

일월등명불께서 열반에 드신 뒤에는 묘광보살이 묘법연화경의 가르침을 80소겁 동안 사람들을 위하여 설하셨는데, 일월등명불의 여덟 아들은 모두 묘광보살을 스승으로 섬겼으며, 묘광보살은 그들로 하여금 아뇩다라삼먁삼보리를 굳건히 지닐 수 있도록 이끌었습니다.

이 여덟 왕자는 모두 헤아릴 수 없이 많은 백천만억의 부처님께 공양을 올린 뒤에 성불하였으니, 제일 마지막으로 성불한 이가 바로 연등불(燃燈佛)이십니다.

또 묘광보살의 8백 제자 가운데 구명(求名)이라는 제자가 있었습니다. 그는 여러 가르침을 읽어도 그 뜻을 알지 못하고 배운 것을 곧잘 잊어버리면서도, 이익과 명예에 탐착하였으므로 구명이라 부른 것입니다. 그러나 그 역시 여러 가지 선근을 심은 인연으로 한량없는 백천만억의 부처님을 만나 공양하고 공경하고 존중하고 찬탄하였습니다.

미륵이여, 마땅히 알지니, 지금의 내가 그때의 묘광보살이요, 지금의 그대가 그때의 구명

보살입니다.

미륵이여, 지금의 이 상서로운 징조는 그 옛날과 조금도 다름이 없습니다. 그러므로 부처님께서는 오늘 반드시 보살을 가르치는 법이요 부처님께서 보호하고 살피시는 대승경전인 묘법연화경을 설하실 것입니다."

문수사리보살은 대중들에게 이 뜻을 거듭 펼치고자 게송으로 설하였다.

생각하니　과거세의　한량없는　그시절에
존귀하신　일월등명　부처님이　계셨도다
그부처님　법을설해　무량중생　제도하고
수도없이　많은보살　불지혜(佛智慧)에　들게했네
그부처님　출가전에　여덟왕자　낳았는데
그들모두　출가하여　청정행을　닦았도다
일월등명　부처님은　여러대중　위하시어
대승법인　무량의경　분별하여　설하셨고
경을모두　설하신뒤　법좌위에　앉은채로

^{無量義處} ^{三昧}
무량의처 삼매속에 깊이빠져 드셨도다
하늘꽃비 흩날리고 하늘북은 절로울고
여러천룡 귀신들이 부처님께 공양했고
일체모든 불국토가 크게진동 하는속에
부처님은 방광하여 희유한일 보였나니
그광명이 동방으로 일만팔천 ^{佛土}불토비춰
일체중생 나고죽는 업보들을 보이셨다
그불국토 하나같이 보배들로 꾸몄는데
방광빛에 유리수정 보배들이 더고왔고
천인들과 용신야차 건달바와 긴나라들
앞다투어 부처님께 각기공양 하였도다
또한보니 성불하여 도를이룬 부처님들
^{金山}금산같은 그몸매는 단정하고 미묘하며
맑고맑은 유리속의 순금같은 모습으로
대중속에 계시면서 깊은법을 설하셨다
하나하나 불국토의 한량없는 성문대중
부처님의 광명으로 모두볼수 있었는데
어떤비구 숲속에서 부지런히 정진하며

밝은구슬 보호하듯 청정계율 지켰도다
또한능히 보시하고 인욕하는 보살들이
항하강의 모래같이 그숫자가 한없지만
부처님의 광명으로 모두볼수 있었는데
어떤보살 선정속에 깊이깊이 들어가서
몸과마음 동함없는 위없는도 구했으며
어떤보살 모든법이 적멸(寂滅)임을 잘알아서
각자그들 국토에서 설법하고 도닦았다
바로그때 사부대중 일월등명 부처님의
크나크신 신통력을 보고나서 환희하며
서로어떤 인연인지 그까닭을 물었도다
천인들과 인간들이 존경하는 부처님은
삼매에서 깨어나서 묘광보살 칭찬했다
'이세간의 눈이되고 모든이가 귀의하는
그대라면 나의법장(法藏) 능히수지 할수있고
내가설한 모든법을 능히알아 깨닫는다'
부처님이 칭찬하자 묘광보살 기뻐했고
부처님은 이날부터 육십소겁 지나도록

그자리를 뜨지않고 법화경을 설하시니
묘광보살 그묘법을 모두기억 하였도다
이법화경 설법듣고 대중들이 환희하자
바로그날 부처님은 대중에게 이르셨다
'제법실상(諸法實相) 참다운뜻 너희에게 설했으니
나는이제 오늘밤에 반열반(般涅槃)에 들겠노라
너희들은 방일(放逸)말고 일심으로 정진하라
부처님을 만나기란 억겁에야 한번일세'
부처님의 제자들은 이열반의 소식듣고
왜이리도 빨리가나 슬퍼하고 고뇌하자
거룩하신 법왕께서 무량중생 위로하되
'내가열반 들지라도 너희들은 근심말라
여기있는 덕장보살 번뇌없는 참다운법
마음깊이 통달하여 이다음에 성불하니
정신(淨身)이란 이름으로 많은중생 제도한다'
그날밤에 부처님은 섶이다해 불꺼지듯
반열반에 드시었고 불사리는 고루나눠
수도없이 많은탑을 여러곳에 세웠으며

항하모래 수와같은 비구들과 비구니들
더욱더욱 정진하여 위없는도 구했도다
이러한때 묘광보살 부처님법 잘받들어
팔십소겁(小劫) 한결같이 법화경을 설했나니
일월등명 여덟왕자 묘광보살 교화받아
위없는도 잘닦으며 많은부처 친견하여
부처님께 공양하고 대도법(大道法)을 따라익혀
차례대로 수기받고 마침내는 부처되니
마지막에 도이루어 성불하신 연등불은
많은성자 스승되어 무량중생 제도했다
또한묘광 법사에게 한제자가 있었으니
마음항상 게으르고 명리(名利)만을 탐착하고
명예욕이 너무많아 명문가에 태어나서
공부한것 잊어먹어 깨닫지를 못했도다
이와같은 인연으로 구명(求名)이라 불렸지만
부지런히 선업쌓아 많은부처 만나뵙고
부처님께 공양하며 크나큰도 따라행해

육바라밀 갖춘다음 부처님을 친견하자
'이다음에 부처되니 그이름이 미륵이요
수도없는 많은중생 제도한다' 하셨나니
게을러서 공부않던 구명행자 곧그대요
스승이된 묘광법사 바로지금 이몸이다
내가일찍 보았었던 일월등명 부처님의
옛상서가 이랬으니 이제능히 짐작컨대
세존께서 법화경을 설하시려 함이로다
지금광명 옛날상서 부처님들 방편이라
이제세존 방광하여 참다운뜻 보였으니
그대들이 합장하고 일심으로 기다리면
세존께서 법비내려 求道者 구도자들 적셔주고
三乘法 삼승법을 구하는이 의심가득 하겠지만
그의심을 부처님이 모두끊어 주시리라

〈제1 서품 끝〉

제2 방편품
第二 方便品

　　그때 부처님께서 조용히 삼매(三昧)에서 일어나 사리불(舍利弗)에게 이르셨다.

　　"부처님들의 지혜는 매우 깊고 한량이 없다. 그 지혜의 문은 이해하기도 어렵고 들어가기도 어렵나니, 성문이나 벽지불들은 도저히 알 수가 없느니라.

　　어찌하여 그러한가? 부처님들은 일찍이 백천만억 수많은 부처님을 가까이하면서 한없는 도(道)와 법(法)을 모두 배우고 용맹정진하여, 이름을 널리 떨침과 동시에 보기도 어렵고 알기도 어려운 깊은 법을 성취하셨느니라. 그러므로 설하는 법문의 뜻을 그대로 이해하기는 매우 어렵느니라.

 사리불아, 나는 성불한 이후부터 지금까지 갖가지 인연과 갖가지 비유로써 널리 법을 베풀고, 무수한 방편으로 중생들을 인도하여 모든 집착을 여의게 하였나니, 이렇게 할 수 있었던 것은 여래가 방편바라밀(方便波羅蜜)과 지견바라밀(知見波羅蜜, 반야바라밀)을 갖추었기 때문이니라.

 사리불아, 여래의 지견은 광대하고도 깊나니, 사무량심(四無量心)과 사무애변(四無礙辨)과 십력(十力)과 사무소외(四無所畏)와 선정(禪定)과 해탈(解脫)과 삼매(三昧)에 깊이 들어가서, 누구도 얻지 못한 진귀한 법을 모두 성취하였느니라.

 사리불아, 여래는 모든 법을 잘 분별하여 절묘하게 설하고, 말씨가 유연하여 사람들의 마음을 즐겁게 하느니라. 사리불아, 한 마디로 말하면 부처님은 한량없고 끝이 없고 일찍이 들어본 적이 없는 법을 모두 성취하였느니라.

 그만두자, 사리불아. 더 이상 설하지 않겠

다. 왜냐하면 부처님이 성취한 법은 가장 드물고 이해하기 어려운 법이어서, 오직 부처님들끼리만 이 제법실상(諸法實相)에 대해 서로 설하고 알 수 있기 때문이니라.

이른바 제법(諸法)이란 십여시(十如是), 곧 여시상(如是相)·여시성(如是性)·여시체(如是體)·여시력(如是力)·여시작(如是作)·여시인(如是因)·여시연(如是緣)·여시과(如是果)·여시보(如是報)·여시본말구경등(如是本末究竟等)이니라."

부처님께서는 이 뜻을 거듭 밝히고자 게송으로 이르셨다.

부처님의　　큰능력은　　천인이나　　세상사람
그어떠한　　중생들도　　능히알지　　못하나니
부처님의　　십력(十力)들과　　네가지의　　무소외법(無所畏法)
선정해탈(禪定解脫)　　삼매(三昧)등의　　여러가지　　법에대해
헤아릴수　　있는이는　　어디에도　　없느니라
옛적부터　　한량없는　　부처님을　　따르면서
모든도를　　빠짐없이　　두루갖춰　　닦았어도
심히깊고　　묘한그법　　보고알기　　어렵나니

무량억겁 오랜세월 모든도를 다닦은뒤
도량에서 성불해야 알고보게 되느니라
이와같은 큰과보와 역시성상(如是性相) 등의뜻은
나와함께 시방세계 부처님만 능히알뿐
중생에게 보여주고 들려주지 못하거늘
중생들이 이런법을 어찌알고 이해하랴
믿는힘이 아주깊은 보살들을 제외하고
불제자중 일찍부터 부처님께 공양올려
일체번뇌 모두끊고 아라한과(阿羅漢果) 얻은이도
부처님의 심오한법 감당할수 없느니라
사리불과 같은이를 이세상에 가득채워
그들모두 힘을모아 헤아리고 생각해도
부처님의 크신지혜 능히이해 할수없고
사리불과 모든제자 시방세계 가득채워
그들모두 힘을모아 헤아리고 생각해도
부처님의 크신지혜 역시알수 없느니라
날카로운 지혜로써 번뇌다한 벽지불이
시방세계 대나무의 수효만큼 함께모여

마음합쳐 　무량억겁 　생각하고 　헤아려도
부처님의 　참된지혜 　결코알수 　없느니라
무량제불 　공양하여 　뜻과이치 　요달하고
능통하게 　설법하는 　新發意 신발의의 　보살들도
시방세계 　벼와삼대 　갈대만큼 　많이모여
일심으로 　항하사겁 　생각하고 　헤아려도
부처님의 　참지혜는 　절대알아 　낼수없고
恒河沙數 항하사수 　만큼많은 　不退轉 불퇴전의 　보살들이
모두함께 　일심으로 　생각하고 　헤아려도
부처님의 　크신지혜 　능히알수 　없느니라
지혜제일 　사리불아 　또한다시 　이르노니
번뇌없고 　부사의한 　깊고깊은 　미묘법을
나는이미 　구족하여 　자세하게 　알고있고
시방세계 　부처님도 　또한알고 　계시노라
지혜제일 　사리불아 　분명하게 　알지니라
일체제불 　법설함은 　한결같고 　다같나니
부처님이 　설하신법 　굳게믿고 　노력하라
모든부처 　오랫동안 　이법저법 　설한다음

요긴하고 진실한법 설하심을 명심하라
내가이제 성문연각 법구했던 너희위해
고통속박 아주벗고 열반얻게 할것이다
이제까지 방편으로 삼승법(三乘法)을 보인것은
곳곳에서 집착하고 탐심내는 중생들을
바른길로 나아가게 하기위함 이었노라

그때 대중 속에 있던 아야교진여(阿若憍陳如) 등 번뇌를 다한 아라한(阿羅漢) 1천2백 명과 성문 및 벽지불을 목표로 삼는 비구·비구니·우바새·우바이들은 제각기 생각하였다.

'지금 부처님께서는 무슨 까닭으로 은근히 방편에 대해 칭찬하시고, 부처님이 얻은 법은 심히 깊이 이해하기 어렵다는 것과, 말로 설한 법의 의미 또한 매우 어려워서 성문이나 벽지불들은 알 수가 없다고 말씀하시는 것인가? 부처님께서는 그동안 한 가지 해탈의 이치인 일해탈의(一解脫義)를 설하셨고, 우리 또한 이 법을 얻어

열반에 이르고자 하였는데, 지금 이렇게 말씀하시는 뜻이 무엇인지를 전혀 알 수가 없구나.'

그때 사리불은 사부대중의 마음 속 의심을 알았고, 자신 또한 분명히 이해하지 못하였으므로 부처님께 여쭈었다.

"부처님이시여, 무슨 이유와 인연으로 모든 부처님의 제일방편(第一方便)과 깊고 미묘하고 이해하기 어려운 법을 칭찬하시나이까? 저는 일찍이 부처님께서 이렇게 말씀하시는 것을 들은 바가 없나이다. 지금 사부대중이 모두 의심하고 있사오니, 부디 이에 대해 자세히 설하여 주옵소서. 부처님께서는 무슨 까닭으로 깊고 미묘하고 이해하기 어려운 법이라고 은근히 칭찬하시나이까?"

사리불은 그 뜻을 거듭 밝히고자 게송으로 아뢰었다.

태양같은 지혜갖춘 위대하신 부처님은
오랫동안 한가르침 한결같이 설하기를
'나는십력(十力) 사무소외(四無所畏) 선정삼매 해탈법등
부사의한 법을모두 얻었다'고 하셨지만
이에대해 묻는이가 한사람도 없었으며
'나의뜻은 이해하기 쉽지않다' 하셨으나
이에대해 묻는사람 또한전혀 없었도다
그리하여 당신께서 수행하여 증득하신
해탈법과 미묘하고 심히깊은 지혜법문
부처들만 얻는바라 은근칭찬 하셨건만
번뇌없는 아라한과 열반법을 구하는이
'부처님은 무슨일로 이런말씀 하시는지'
오히려더 의심품고 이해하지 못합니다
연각의법 구하는이 비구들과 비구니들
천(天)과용과 귀신들과 건달바의 무리들도
서로보고 의심하며 부처님만 바라보니
이런말씀 하신까닭 설명하여 주옵소서
부처님은 저를일러 성문중에 최고라고

칭찬하여 주셨지만 지금 저의 지혜로는
구경법(究竟法)을 설함인지 수행법(修行法)을 설함인지
제아무리 생각해도 의문 풀지 못합니다
부처님의 법문 듣고 귀의하온 불자들이
일심으로 합장하고 간절하게 기다리니
바라건대 거룩하고 미묘하신 음성으로
한결같고 진실한 뜻 말씀하여 주옵소서
항하 모래 같이 많은 천인들과 용과 귀신
팔만 명이 넘는 수의 성불코자 하는 보살
억만 세계 국토에서 여기로 온 전륜성왕
모두 함께 합장하고 공경하는 마음으로
구족(具足)하신 가르침을 기다리고 있나이다

그때 부처님께서 사리불에게 이르셨다.
"아서라, 그만두어라. 더 설하지 않으리라. 만일 이 일을 설하게 되면 일체 세간의 천인들과 사람들이 다 놀라고 의심을 할 것이다."
사리불이 거듭 아뢰었다.

"부처님이시여, 오직 원하옵나니 설하여 주옵소서. 오직 원하옵나니 설하여 주옵소서. 여기 모인 백천만억 아승지의 무수한 중생들은 일찍이 여러 부처님을 친견하였기에 근기가 뛰어나고 지혜가 밝아 부처님의 설법을 들으면 능히 공경하고 믿을 것이옵니다."

사리불이 거듭 게송으로 아뢰었다.

법왕이요 가장높고 존귀하신 분이시여
염려하지 마시옵고 부디설해 주옵소서
이자리에 모여있는 한량없는 대중들은
그가르침 공경하고 굳게믿을 것입니다

부처님께서는 다시 사리불을 제지하셨다.

"사리불아, 내가 만일 이 일을 설하면 일체 세간의 천인과 인간과 아수라들이 모두 놀라고 의심할 것이며, 아직 깨닫지 못했는데도 깨달은 체하는 증상만(增上慢)의 비구는 장차 지옥에 떨어질 것이니라."
 그리고는 거듭 게송으로 이르셨다.

**그만둬라 그만둬라 더 설하지 않겠노라
나의법은 미묘하여 알기조차 어렵나니
증상만이 가득한자 이가르침 듣더라도
공경하고 믿는마음 일으키지 않느니라**

 사리불이 부처님께 거듭 간청하였다.
 "부처님이시여, 오직 원하옵건대 설하여 주옵소서. 부디 설하여 주옵소서. 저와 같이 지금 법회에 모인 백천만억 대중들은 이미 세세생생(世世生生) 동안 부처님의 가르침을 받았기에, 반드시 공경하고 믿어 오랫동안 안온함과 이로움과 안락을 얻을 것이옵니다."
 사리불은 거듭 게송으로 아뢰었다.

지혜자비 함께갖춘 가장높은 분이시여

원하오니　제일법(第一法)을　말씀하여　주옵소서
부처님의　말아들인　제가간청　드리오니
모름지기　잘가려서　설법하여　주옵소서
이법회에　모여있는　한량없는　대중들은
이법문을　공경하고　굳게믿을　것입니다
부처님은　일찍부터　출현하신　세상마다
여기있는　대중들을　교화하여　주셨으니
저희들은　모두같이　일심으로　합장하고
부처님의　그말씀을　들으려고　하옵니다
저희일천　이백명과　깨달음을　희구하는
모든대중　위하시와　분별하여　설하소서
여기있는　대중들이　그법문을　듣게되면
틀림없이　한량없는　환희심을　내오리다

그때 부처님께서 사리불에게 이르셨다.
"네가 간곡하게 세 번이나 청하는데 어찌 설하지 아니하랴. 내 너희를 위해 분별하여 설하리니 자세히 듣고 잘 생각하고 기억하여라."

부처님께서 이렇게 말씀하시자, 법회장에 있던 비구·비구니·우바새·우바이 5천 명이 곧바로 자리에서 일어나서 부처님께 예배를 드린 다음 스스로 물러갔다.

그 까닭은 그들의 죄업이 무겁고 증상만에 가득 차 있어서, 아직 얻지 못한 것을 얻었다 생각하고, 아직 깨닫지 못한 것을 깨달았다 여기고 있기 때문이었다. 이러한 허물로 인해 그곳에 머물지 못하고 물러갔기에, 세존께서는 잠자코 계실 뿐 그들을 제지하지 않으셨다.

그때 부처님께서 사리불에게 이르셨다.

"지금 내 앞의 대중 속에는 가지나 잎은 없고, 오직 순수한 열매만이 남았구나. 사리불아, 증상만에 가득 찬 이들은 오히려 물러가는 것이 더 좋으니라. 들어라. 너희를 위해 설해 주리라."

사리불이 아뢰었다.

"설하옵소서, 세존이시여. 즐겨 듣겠나이다."

"사리불아, 이와 같은 묘한 법은 제불여래께서 때가 되어야 설하나니, 이는 마치 우담바라(優曇婆羅)꽃이 때가 되어야 한번 피는 것과 같으니라. 너희들은 반드시 믿을지니, 부처님 말씀은 허망(虛妄)됨이 없느니라.

사리불아, 모든 부처님께서 설하시는 법의 뜻은 이해하기 어렵느니라. 어찌하여 그러한가? 내가 무수한 방편과 갖가지 인연과 비유와 이야기로 법을 설하지만 이 법은 생각이나 분별로는 감히 알기가 어렵기 때문이니, 오직 부처님들만이 능히 알 수 있느니라.

무슨 까닭인가? 제불세존은 오직 일대사인연(一大事因緣)으로 세상에 출현하시기 때문이니라.

사리불아, 어찌하여 부처님들이 '일대사인연으로 세상에 출현한다'고 하는 것인가?

중생들로 하여금 불지견(佛知見)을 열어주어〔개(開)〕청정함을 얻게 하고자 세상에 출현하시며, 중생들로 하여금 불지견을 보게〔시(示)〕하기 위해 세상에 출현하시며, 중생들로 하여금 불지견을 깨닫게〔悟〕 하기 위해 세상에 출현하시며, 중생들로 하여금 불지견에 들어가게〔入〕 하기 위해 세상에 출현하시느니라.

사리불아, 바로 이것〔開示悟入〕 때문에 부처님들께서 일대사인연으로 세상에 출현하신다고 한 것이니라."

부처님께서 사리불에게 이르셨다.

"제불여래는 오직 보살을 교화하고, 오직 한 가지 일만을 하나니, 불지견을 중생들에게 열어 주고 보여 주고 깨닫게 하고 들어가게 하심이 그것이니라.

사리불아, 여래는 중생을 위해 오직 일불승〔一佛乘〕으로 설하실 뿐, 이승〔二乘〕이나 삼승〔三乘〕은 없느니라. 사리불아, 시방 제불의 법 또한 이와 같으니라.

사리불아, 과거의 제불께서는 중생들을 위하여 한량없는 방편과 갖가지 인연과 비유와 이야기로 설법을 하셨나니, 그 모든 가르침도 일불승으로 인도하기 위한 것이었느니라. 그러므로 과거의 부처님들께 법을 들은 중생들은 마침내 부처의 지혜인 일체종지(一切種智)를 얻었느니라.

사리불아, 미래의 제불 또한 중생들을 위하여 한량없는 방편과 갖가지 인연과 비유와 이야기로 설법하실 것이며, 그 모든 가르침들 또한 일불승을 위한 것이니라. 그러므로 미래의 부처님들께 법을 들을 중생들은 마침내 일체종지를 얻게 될 것이니라.

사리불아, 현재 시방의 백천만억 불국토에 계시는 제불세존은 중생들을 한없이 이익 되게 하고 안락하게 하시나니, 이 제불들 또한 중생들을 위해 무수한 방편과 갖가지 인연과 비유와 이야기로 설법을 하고 계시며, 그 모든 가르침 또한 일불승을 위한 것이니라. 그러므로 현재의 부처님들께 법을 듣고 있는 중생들은 마침내 일체종지를 얻게 되느니라.

사리불아, 이 제불들은 오직 보살만을 교화하며, 중생들에게 불지견을 열어주고〔開〕, 불지견을 보여주고〔示〕, 불지견을 깨닫게 하고〔悟〕, 불지견에 들어가게〔入〕 하느니라.

사리불아, 지금 나 또한 그 모든 부처님과 같이, 모든 중생들이 지닌 욕심과 마음 깊이 집착하는 바를 알아서, 그 본성(本性)에 따라 갖가지 인연과 비유와 이야기와 방편력으로 설하느니라.

사리불아, 내가 이와 같이 하는 까닭은 모두에게 일불승(一佛乘)과 일체종지를 얻게 하려는 것이니라. 사리불아, 시방세계에는 이승(二乘)도 없거늘, 어찌 삼승(三乘)이 있겠느냐.

사리불아, 모든 부처님은 다섯 가지 나쁜 세상인 오탁악세(五濁惡世)에 나시나니, 이른바 겁탁(劫濁)·번뇌탁(煩惱濁)·중생탁(衆生濁)·견탁(見濁)·명탁(命濁)이 그것이니라.

사리불아, 겁탁(劫濁)의 어지러운 시절 중생들은 많은 번뇌와 간탐과 질투 등으로 갖가지 불선(不善)

근(根)을 키우기 때문에, 부처님들께서는 방편력으로 일불승뿐인 진리를 삼승으로 분별해서 설하시느니라.

사리불아, 만일 나의 제자들 중에 스스로를 아라한이나 벽지불이라 자칭하면서, '모든 부처님은 오직 보살만을 교화할 뿐'이라는 것을 듣지도 못하고 알지도 못한다면, 그는 나의 제자가 아니요 아라한도 벽지불도 아니니라.

또 사리불아, 이 비구 비구니들이 스스로, '이미 아라한을 얻었으니 이것이 최후의 몸이요 구경열반(究竟涅槃)이다' 하면서 아뇩다라삼먁삼보리를 구하지 않는다면, 이러한 무리들은 모두 증상만(增上慢)이 가득 차 있는 이들이니라. 그 까닭이 무엇인가? 진실로 아라한이 된 비구는 이 일불승법을 믿지 않는 일이 없기 때문이니라.

다만 부처님이 멸도(滅度)하여 세상에 없을 때는 제외하나니, 부처님께서 멸도하신 뒤에는 이 경전을 수지독송하여 그 뜻을 이해하는 이가 매우 드물기 때문이니라. 그러다가 다시 다른 부처님을 만나게 되면 이 법화경의 법 속에서 틀림없이 깨달음을 얻게 되느니라.

사리불아, 너희들은 마땅히 일심으로 나의 말을 믿고 이해하고 받아 지닐지어다. 제불여래의 말씀에는 허망함이 없나니, 이승이나 삼승은 없고 오직 일불승만 있느니라."

그때 부처님께서는 이 뜻을 거듭 펴고자 게송으로 이르셨다.

증상만^{增上慢}을	품고있는	비구들과	비구니들
아만에찬	우바새와	신심없는	우바이들
이와같은	사부대중	그숫자가	오천여명
자기허물	보지않고	청정계행	깨뜨린뒤
잘못한일	감추고자	애를쓰는	못난이들
부처님의	위덕^{威德}으로	이자리를	떠났도다
이런사람	복덕없어	이법감히	못받나니
이제여기	지엽^{枝葉}없고	참열매만	남았구나

사리불아 잘 들어라 제불들은 얻은법을
한량없는 방편으로 중생위해 설하나니
중생들의 생각들과 갖가지로 행한일과
욕망들과 성격들과 지난세상 선악업을
남김없이 다안다음 모두가다 환희토록
여러가지 인연비유 이야기와 방편섞어
수다라(修多羅)를 설하였고 게송경전 설했으며
전생담과 미증유법 인연담도 설하였고
어떤때는 비유와송(頌) 문답(問答)으로 설했노라
소승법을 즐기면서 생사에만 사로잡힌
근기둔한 무리들은 무량제불 만났어도
미묘한도 닦지않고 고통속에 빠지기에
내가이런 중생위해 열반법문 설했지만
여러가지 방편설로 밝은지혜 얻게할뿐
'너희들도 성불한다' 설하지를 않았나니
그말일찍 아니함은 때가안된 까닭이다
지금에야 때가되어 대승법을 설하나니
내가설한 구부경(九部經)은 중생들의 근기키워

제2 방편품 · 61

대승으로 들게하기 위한방편 이었도다
그마음이 깨끗하고 부드럽고 총명하여
한량없는 제불좇아 미묘한도 닦은불자
나는이런 불자위해 대승경전 설해주며
'오는세상 부처된다' 성불수기 주느니라
마음깊이 염불하고 청정계율 지닌불자
성불한다 말들으면 큰기쁨이 가득차고
부처님은 그를위해 대승법을 설하나니
내가설한 법을들은 성문이나 보살들은
한게송만 기억해도 틀림없이 성불한다
시방세계 불국토에 일승법만 있음이요
이승삼승 방편일뿐 실체없음 알지니라
이승삼승 방편으로 중생구제 한까닭은
부처되는 큰지혜로 인도하기 위함일뿐
모든부처 이세상에 출현하신 진짜뜻은
일불승의 부처지혜 설하고자 하심이니
일승만이 진실이요 방편법인 이승삼승
소승들의 법으로는 성불하지 못하노라

부처님은 　　대승닦아 　　얻은법에 　　의지하여
선정지혜 　　장엄하고 　　중생제도 　　하시나니
평등하고 　　가장높은 　　대승법을 　　얻은내가
단 한 사람 　　일지라도 　　소승으로 　　교화하면
나는즉시 　　인색함과 　　탐욕속에 　　떨어지며
이와같이 　　하는것은 　　옳지못한 　　일이니라
부처님은 　　속임없고 　　집착이나 　　질투없고
모든악을 　　끊었기에 　　귀의하면 　　누구든지
시방세계 　　어디서나 　　두려움이 　　없어진다
사리불아 　　잘알아라 　　좋은상호 　　장엄하고
세간마다 　　광명비춰 　　무량존경 　　받으면서
실상법인(實相法印) 　　설하는건 　　내가본래 　　세운원이
일체중생 　　나와같게 　　하고자함 　　때문이다
오래전에 　　품은이원 　　이제때가 　　되었나니
일체중생 　　교화하여 　　불도(佛道)속에 　　들게하리
내가불도 　　그대로를 　　중생에게 　　가르치면
무지한자 　　착란되어 　　그가르침 　　무시하니
선근닦지 　　아니했던 　　이와같은 　　중생들은

오욕락에 집착하여 어리석게 고뇌하고
탐욕등에 사로잡혀 삼악도에 떨어져서
육도속을 윤회하며 고통가득 할뿐이다
세세생생 나고죽는 생사윤회 끝이없고
덕도없고 복도없어 고통만이 가득하네
있고없음 분별하는 삿된견해 숲만들어
외도들의 육십이견(六十二見) 헛된법을 고집하며
교만하고 간사할뿐 진실함이 전혀없어
천만겁이 지나가도 부처님의 이름이나
바른법을 못듣나니 그들어찌 제도하랴
그러므로 그들위해 방편법을 베풀어서
고(苦)를끊는 도(道)설하고 열반법을 보였으나
이는소승 멸도(滅度)일뿐 참열반이 아니니라
모든법은 본래부터 항상적멸(寂滅) 그자체니
이를알고 도닦으면 내세에꼭 성불한다
내이제껏 방편으로 삼승법을 보였으나
지금에야 제불들의 일승법을 설하노라
여기모인 대중들은 모두의심 버릴지니

제불말씀 틀림없이 일승일뿐 이승없다
지난세상 무수한겁 열반에든 부처님들
그수효가 너무많아 헤아릴수 없었지만
이무수한 부처님들 하나같이 인연법과
비유들과 방편으로 여러법을 설한다음
끝에가서 그들에게 일승법을 설하시어
무량중생 교화하여 불도속에 들게했다
대성주인(大聖主) 부처님들 일체세간 중생들의
마음깊이 바라는바 속속들이 다아시고
다시다른 방편으로 제일의(第一義)를 설했도다
만일어떤 중생들이 과거불을 만나뵙고
법문듣고 보시하고 계지키고 인욕하고
정진선정 지혜등의 복과덕을 닦았다면
이와같은 사람들은 이미모두 성불했고
부처님이 멸도하신 다음에난 중생들중
착한마음 지닌이도 이미성불 했느니라
부처님들 열반한뒤 불사리에 공양코자
만억개의 탑을세워 금과은과 수정들과

자거마노 매괴들과 유리등의 구슬들로
맑고크고 깨끗하게 모든탑을 장식한이
또한돌로 탑세우고 전단향과 침수향과
침향등의 나무들을 이용하여 탑쌓은이
넓고거친 광야에다 흙을모아 탑쌓은이
흙모래로 장난삼아 탑을세운 아이들도
하나같이 모두가다 이미성불 하였노라
또부처님 받들고자 여러형상 조각하고
불상들을 만든이도 모두성불 하였으니
칠보로된 불상이나 놋쇠또는 백동이나
납과주석 쇳덩이로 부처님상 조성하고
나무들과 진흙들과 풀과옻칠 이용하여
불상만든 사람들도 모두성불 하였노라
부처님의 원만상을 아름답게 그린불화
제스스로 그렸거나 남시켜서 그렸거나
인연맺은 사람들은 모두이미 성불했고
장난삼아 꼬챙이나 붓이거나 손톱으로
부처님을 그렸다면 아이어른 할것없이

이와같은　사람들은　그공덕이　점점쌓여
대자비심　갖추어서　모두성불　한다음에
모든보살　교화하고　무량중생　건졌노라
어떤사람　탑과절과　불상이나　불화앞에
꽃과향과　깃발들과　일산들을　공양하고
악사시켜　연주하되　북도치고　나팔불고
퉁소피리　거문고와　비파와징　바라들로
아름답고　묘한음악　아낌없이　공양하고
환희롭게　노래하며　부처님덕　찬탄하기
단한번만　하였어도　모두성불　하였노라
어떤사람　산란하고　어지러운　마음으로
불상향해　단지한번　예배커나　합장커나
한손만을　든다거나　머리한번　숙이면서
공양을한　사람들도　차츰제불　친견하고
깨달음을　이루어서　많은중생　제도한뒤
섶이다타　불꺼지듯　무여열반　들었노라
어떤사람　산란하고　어지러운　마음으로
탑과법당　들어가서　단한차례　만이라도

南無佛
나무불을 　외우이는 　모두성불 　하였나니
지난세상 　부처님들 　계실때나 　열반뒤에
이법문을 　들은이는 　모두성불 　하였노라
그수효가 　한량없는 　오는세상 　부처님도
그모두가 　하나같이 　방편으로 　설하노라
일체 모든 　부처님은 　한량없는 　방편으로
모든중생 　제도하여 　부처 지혜 　얻게 하니
이법문을 　들은이는 　모두가 다 　성불한다
부처님들 　근본원은 　내가닦은 　이 불도를
중생들도 　같이닦아 　성불하게 　함이로다
셀수없는 　백천만억 　오는세상 　부처님들
많은법문 　설하지만 　그내용은 　일불승뿐
　　　　　　　無 性
법이 본래 　무성임을 　부처님은 　아시지만
부처되는 　종자들이 　인연따라 　생기므로
일승법을 　설하시고 　일승법에 　머물지만
세간모습 　아시기에 　방편법문 　설하노라
천인들의 　공양받는 　시방세계 　부처님들
항하 모래 　만큼많이 　이세상에 　출현하여

중생들을 편케하려 여러법문 설하시니
적멸법(寂滅法)이 제일임을 분명하게 알면서도
방편으로 여러길을 보여주는 이유인즉
오직하나 일불승을 일러주기 위함이다
중생들의 모든행과 마음속의 생각들과
지난세상 익힌업과 욕심성격 정진력과
근기들을 모두알아 가지가지 인과연과
비유들과 이야기를 방편으로 설하노라
지금나도 그와같이 중생들을 편케하려
여러가지 법문으로 부처의도 보이나니
지혜로써 중생들의 성격욕망 다알고서
방편으로 설법하여 모두환희 얻게한다
사리불아 바로알라 내가일찍 불안(佛眼)으로
육도중생 살펴보니 빈궁하고 지혜없어
생사의길 잘못들어 끊임없이 고통받고
오욕락에 깊이빠져 소가꼬리 사랑하듯
탐욕들과 애착으로 자기눈을 가리워서
아무것도 보지않고 큰힘지닌 부처님과

제2 방편품 · 69

괴로움을 끊는법을 구하려고 하지않고
온갖 삿된 견해속에 깊이빠져 들어가서
괴로움을 고통으로 끊으려는 것을 보고
이런 중생 위하고자 대비심을 발했노라
나는 처음 성불한 뒤 보리수를 바라보고
그 도량을 거닐면서 삼칠일을 생각했다
'내가 얻은 큰 지혜는 미묘하기 제일이나
근기 둔한 중생들은 쾌락에만 집착하고
우매하기 한없으니 어찌 해야 제도될까'
바로그때 법천왕과 제석천과 사천왕과
자재천등 여러하늘 백천만의 권속들이
합장공경 예배하며 법륜굴림 청했으나
나 스스로 생각했다 '일승법을 찬탄해도
고통속에 빠진중생 이법 믿지 못하리라
믿지않고 비방하면 삼악도에 떨어지니
내차라리 설법않고 곧 열반에 들어가리'
그때문득 과거불들 행한방편 떠올리며
'내가지금 얻은도를 삼승으로 설하리라'

70 · 묘법연화경 제1권

이와같이 생각하자 시방불이 나타나서
맑고고운 음성으로 위로하여 주셨도다
'장하도다 석가모니 제일가는 도사시여
위가없는 참된진리 높은법을 얻었으니
과거여러 부처처럼 삼승방편 쓸지어다
우리또한 미묘하고 최고의법 얻었지만
중생위해 삼승으로 분별하여 설했노라
지혜적어 작은법만 즐길뿐인 소승(小乘)들은
자신들이 성불할수 있다는것 못믿기에
방편으로 분별하여 여러과보 설했나니
이모두가 결국에는 보살교화 위함일세'
사리불아 잘알아라 나는모든 부처님의
심히깊고 청정하고 미묘하온 음성듣고
'나무불'을 부르면서 다시생각 하였도다
'오락악세 내왔으니 제불들이 설한대로
나도또한 방편써서 중생들을 건지리라'
이와같이 생각하고 녹야원에 나아가서
모든법의 적멸상(寂滅相)을 말로할수 없었지만

제2 방편품 · 71

방편력을 기울여서 다섯 비구 제도하니
바로이를 이름하여 초전법륜(初轉法輪)이라하며
이로부터 열반법(涅槃法)과 아라한(阿羅漢)과 진리들과
스님등의 이름들이 생겨나게 되었도다
나는그후 오랫동안 열반법을 찬탄하되
생사고통 영원토록 다한다고 설했노라
사리불아 잘알아라 내가 보니 불자들중
나에게로 찾아와서 공경하는 마음으로
부처님법 구하였던 천만억의 사람들은
제불들이 방편으로 설하였던 그법들을
이미들은 자인지라 나는생각 했느니라
'모든부처 오신뜻은 참지혜인 일승법을
설하시기 위함이요 지금이곧 그때로다'
사리불아 잘알아라 근기낮고 모자라고
지혜롭지 못한이와 교만심이 많은이는
높고높은 이가르침 능히믿지 못하노라
내가이제 두려움이 없는기쁜 마음으로
방편들을 다버리고 위없는도 설하리라

보살들은 이법듣고 의심그물 벗어나고
일천이백 아라한도 모두성불 할수있게
시방삼세 제불께서 설법하던 의식(儀式)대로
나도또한 무분별(無分別)의 일승법을 설하리라
제불출현 드물어서 만나뵙기 어려웁고
이세상에 출현해도 이법설함 쉽지않다
무량겁을 산다한들 이법듣기 어려우며
들으려고 하는이도 실로매우 드물도다
모든이가 사랑하는 우담바라 꽃이핌은
매우보기 드물어서 때가돼야 피어나듯
이법듣고 기뻐하며 찬탄한번 하는것이
삼세모든 부처님께 공양함과 같아지니
이런사람 드물기는 우담바라 이상이다
나는법의 왕으로서 대중에게 고하노니
일불승의 묘한도로 보살들을 교화할뿐
성문제자 없음이니 너희들은 의심말라
사리불등 성문들과 보살들은 잘알지니
이묘법(妙法)은 제불들의 비밀이요 핵심이다

제2 방편품 · 73

오락악세 애욕속에 빠져들어 집착하는
어리석은 중생들은 끝내불도 멀리하고
미래세의 악인들은 일승법문 듣더라도
미혹하여 믿지않고 악도속에 빠지노라
오직잘못 참회하고 맑디맑은 마음으로
정성다해 부처님법 구하는이 위해서만
일불승의 도를널리 가르치고 찬탄하라
사리불아 잘알아라 제불법(諸佛法)은 이와같이
억만가지 방편으로 근기따라 설하지만
배우지를 않는이는 이해할수 없느니라
너희들은 제불께서 근기따라 방편씀을
이제바로 알았으니 결코의심 하지말고
'나도부처 된다'는것 확실하게 알고믿어
대환희심 발하옵고 힘써정진 할지니라

〈제2 방편품 끝〉

묘법연화경 제2권

제3 비유품
第三 譬喩品

그때 사리불이 뛸듯이 기뻐하며 자리에서 일어나, 합장을 하고 부처님을 우러러 보며 아뢰었다.

"지금 세존의 이와 같은 법음(法音)을 들으니, 일찍이 느끼지 못하였던 기쁨이 마음에 가득해지옵니다. 무슨 까닭인가? 옛적에 세존께서 이와 같은 법문을 설하실 때 보살들은 '성불하리라' 수기를 받았으나, 저희는 그 대열 속에 참여하지 못하여 '여래의 무량지견(無量知見)을 잃었다'며 슬퍼하고 한탄하였나이다.

세존이시여, 저는 숲 속이나 나무 아래 홀로 앉거나 경행을 할 때 늘 이렇게 생각하였나이다.

'우리도 같은 법성(法性) 속에 들어가 있건만, 세존께서는 어찌하여 소승법만으로 우리를 제도하시는가?'

그러나 이제 보니 저희의 허물이었을 뿐, 세존의 잘못이 아니었나이다. 그 까닭이 무엇인가? 만일 저희가 아뇩다라삼먁삼보리를 성취할 수 있는 가르침을 듣고자 하였다면 반드시 대승법으로 제도하여 해탈을 얻도록 하였을 것입니다.

하오나 저희는 부처님께서 근기에 맞게 방편으로 설하셨음을 알지 못한 채, 처음 불법을 만났을 때 들은 것을 그대로 믿고서, '깨달음을 얻었다'는 생각을 하고 있었나이다.

세존이시여, 저는 옛적부터 지금까지 밤낮없이 스스로를 책망하였으나, 이제 부처님께 일찍이 듣지 못한 놀라운 법을 듣고 모든 의심과 회의를 끊게 되었으며, 몸과 마음의 평온과 안정을 얻게 되었나이다. 저희는 오늘에야 비로소 부처님의 참다운 아들이 되어 진리 속에서 다시 태어났고 새롭게 귀의하였으며, 법에서 화생(化生)하여 불법을 얻었다는 것을 알게 되었나이다."

사리불이 거듭 게송으로 아뢰었다.

이법문을 제가듣고 전에없던 법을얻어
마음크게 즐거웁고 의심전혀 없사오니
오래전에 부처님께 가르침을 받았었던
대승법을 잃지않고 간직했기 때문이요
세존말씀 희유하여 중생번뇌 없애주니
번뇌다한 저역시도 편안함을 얻습니다
이전에는 어디서건 앉고서고 거닐적에
항상이일 생각하며 깊이자책 하였으니
'어찌나는 그릇되이 스스로를 속였는가
우리또한 불자로서 무루법(無漏法)을 얻었건만
미래세에 위없는도 연설하지 못하리라
자금색(紫金色)등 삼십이상(三十二相) 불의십력(佛 十力) 해탈(解脫)등이

제3 비유품 · 79

모두같은 법이건만 나는얻지 못하였고
八十種好　　　　　十八　　　不共法
팔십종호 비롯하여 십팔가지 불공법등
부처님의 공덕들을 나는얻지 못했도다'
제가홀로 경행하며 부처님을 보았더니
대중속에 계시지만 시방세계 이름높고
많은중생 두루두루 이익되게 하더이다
또한제가 이런이익 얻지못한 이유인즉
스스로를 속여왔기 때문이라 여기면서
저는매일 밤낮없이 이에대해 생각하며
'과연내가 위없는도 얻었는가 아닌가'를
솔직하게 부처님께 여쭤보고 싶었지만
세존께서 보살들만 칭찬하고 계시기에
혼자서만 그에대해 번민하여 왔나이다
다행히도 부처님의 말씀이제 듣고보니
근기따라 번뇌없고 부사의한 법문설해
대중들을 도량으로 인도하고 계셨도다
불자되기 전의저는 삿된견해 집착하여
바라문교 스승되어 많은제자 두었는데

제 뜻 아신 세존께서 　　　　　열반법을 설하시자
삿된 견해 다 버리고 　　　　　^{空}공도리를 깨달은 뒤
이제 열반 얻었다고 　　　　　제 스스로 여겼건만
지금에야 참된 열반 　　　　　아니란 걸 아옵니다
만약 부처 되었다면 　　　　　삼십이상 구족하고
천인 인간 야차 용과 　　　　　귀신들이 공경할새
이러한 때 이르러야 　　　　　모든 번뇌 다 사라져
$^{無\ 餘\ 涅\ 槃}$무여열반 얻었다고 　　　　　말을 할 수 있나이다
부처님이 대중 앞에 　　　　　제가 '부처 된다' 하는
$^{法\ 音}$법음 듣게 되었을 때 　　　　　모든 의심 버렸지만
처음 이 말 들었을 때 　　　　　매우 놀라 의심하길
'부처탈 쓴 마구니가 　　　　　농락한다' 여겼는데
부처님이 인연들과 　　　　　비유로써 설하심에
마음 다시 편해졌고 　　　　　의심 사라 졌나이다
세존께서 이르셨네 　　　　　'지난 세상 열반에 든
부처들도 방편으로 　　　　　이러한 법 설하셨고
이 세상과 오는 세상 　　　　　한량없는 부처님도
여러 가지 방편으로 　　　　　이러한 법 설하시며

제3 비유품 · 81

여기있는 이부처도 탄생하고 출가하여
도를얻고 법륜굴려 방편법문 설했다'고.
세존만이 진실하고 바른도를 설하실 뿐
이를어찌 악마파순(波旬) 흉내낼수 있으리까
그런데도 제가감히 의심속에 휩싸여서
마구니의 짓이라고 생각했던 것입니다
세존께서 저희위해 부드러운 음성으로
심히깊고 미묘하고 청정한법 설하시니
제가매우 기뻐하며 의심들을 모두끊고
진실뿐인 지혜속에 안주하게 되었나니
저도장차 성불하여 천인인간 공경받고
무상법륜(無上法輪) 굴리면서 보살교화 하오리다

그때 부처님께서 사리불에게 이르셨다.

"내 이제 천인·인간·사문·바라문 등의 모든 대중에게 이르노라. 나는 옛날 2만억 부처님들 밑에 있을 때부터 너에게 위없는 도를 구하도록 교화하였고 너 또한 오랜 세월동안 나를 따라 배웠기에, 방편으로 너를 인도하여 나의 법 가운데에 나게 하였느니라.

사리불아, 나는 오래전에 너에게 '부처되는 도를 구하라'고 하였으나, 너는 그것을 다 잊어버리고 스스로 '이미 멸도를 얻었다'고 하였다. 이에 나는 네가 본래 행하고 원하였던 도를 생각나게 하기 위해 성문들에게 이 대승경을 설하나니, 이름은 '묘법연화(妙法蓮華)'요, 보살을 가르치는 법이며, 부처님들께서 늘 보호하고 살피는 경이니라.

사리불아, 너는 미래세에 무량무변 겁 동안 천만억 부처님께 공양하고 부처님의 바른 법을 받들면서 보살도를 행한 뒤에 성불하리니, 이름이 화광여래(華光如來)·응공·정변지·명행족·선서·세간해·무상사·조어장부·천인사·불세존이니라.

그 세계의 이름은 이구(離垢)로, 땅이 평평하고 반듯하고 깨끗하게 단장되어 있으며, 태평하고 풍성하여 천인과 사람들이 번성할 것이니라. 유리로 된 땅에는 여덟 갈래의 길이 있는데, 길 가는 황금줄로 장식되어 있고, 칠보로 된 가로수가 있어 꽃과 과일이 늘 무성하니라.

사리불아, 이 화광여래 또한 삼승으로 중생을 교화하리니, 비록 그때가 악세(惡世)는 아니지만 본래의 원이 그러하므로 삼승법을 설하게 되는 것이니라.

그 겁(劫)의 이름은 대보장엄(大寶莊嚴)이니, 왜 이렇게 이름하는가. 그 나라는 보살을 큰 보배로 삼기 때문이니, 그 나라의 보살들은 부처님의 한량없고 가없는 지혜가 아니고는 알 수가 없느니라.

만일 그들이 걷고자 하면 보배연꽃이 그 발을 받드나니, 그 보살들이 처음 발심한 초발의(初發意)가 아니라, 오랜 옛적부터 선근을 심고 백천만억 부처님 밑에서 청정한 행을 닦았기 때문이니라. 그들은 늘 제불들로부터 칭찬을 들으면서, 부처님의 지혜를 닦아 큰 신통력을 갖추었을 뿐 아니라, 모든 법에 들어가는 문을 잘 알며, 정직하여 거짓이 없고 뜻이 견고하나니, 그 나라에는 이와 같은 보살이 가득하느니라.

사리불아, 화광여래의 수명은 12소겁(小劫)이니, 성불하기 전 왕자 때의 수명은 제외하노라. 또 그 나라 백성의 수명은 8소겁이니라.

화광여래는 12소겁을 지낸 뒤에 견만보살(堅滿菩薩)에게 아뇩다라삼먁삼보리를 얻을 것이라는 수기를 준 다음 비구들에게 이르느니라.

'이 견만보살은 다음에 부처가 되어 이름을 화족안행(華足安行) 다타아가도(여래)·아라하(응공)·삼먁삼불타(정변지)라 할 것이며, 그 불국토도 이와 같으니라.'

사리불아, 화광여래가 멸도한 뒤 정법(正法)이 세상에 머무름은 32소겁이요, 상법(像法)도 32소겁동안 세상에 머무느니라."

그때 세존께서 이 뜻을 거듭 펴고자 게송으로 이르셨다.

사리불이 오는세상 성불하여 지존(智尊)되면
화광여래 이름으로 무량중생 제도하리
많은부처 공양하고 보살행과 십력등의
여러공덕 갖추어서 위없는도 증득하니
무량한겁 지난뒤의 겁이름은 대보장엄(大寶莊嚴)
세계이름 이구(離垢)이니 청정하기 그지없고
유리로된 땅의길옆 황금줄로 장식하고
칠보로된 가로수는 꽃과열매 무성하다
그나라의 모든보살 뜻과생각 견고하고
무량무수 부처님께 보살도를 잘배워서
큰신통과 바라밀을 남김없이 성취하니
화광여래 이와같은 대보살들 교화한다
왕자로서 태어나나 부귀영화 다버리고
윤회없는 마지막몸 출가하여 성불하니
화광여래 누릴수명 십이소겁 능히되고
그나라의 백성수명 팔소겁에 이르노라
그부처님 멸도한뒤 많은중생 제도하는
정법(正法)세상 머무름은 소겁으로 삼십이겁(三十二劫)

	像法		
정법 뒤의	상법 또한	삼십이겁	능히 되며

정법 뒤의 　상법 또한　 삼십이겁　 능히 되며
사리 널리　 유포되니　 인천들이　 공양한다
화광여래　 하는 일들　 앞서 말한　 것과 같고
성스러운　 지혜 자비　 견줄이가　 없으리니
그가 바로　 너이니라　 마음 가득　 기뻐하라

(사리: 舍利, 인천: 人天)

그때 사부대중인 비구·비구니·우바새·우바이와 천·용·야차·건달바·아수라·가루라·긴나라·마후라가 등의 모든 대중들은 사리불이 부처님 앞에서 아뇩다라삼먁삼보리를 얻게 된다는 수기를 받는 것을 보고 몹시 기뻐하여, 각자가 입고 있던 웃옷을 벗어 세존께 공양하였다.

또 석제환인(제석천왕)과 범천왕은 무수한 천자들과 함께 천상의 옷과 천상의 만다라화와 마하만다라화를 공양하였다. 천상의 옷들은 허공에서 빙글빙글 맴돌았고, 백천만가지 하늘의 음악이 한꺼번에 울려 퍼졌으며, 하늘 꽃들이 비 오듯이 내려왔다. 바로 그때 허공에서 소리가 들려왔다.

"부처님께서는 오래 전 바라나(바라나시)의 녹야원에서 초전법륜을 굴리셨는데, 이제 다시 가장 높고 가장 큰 법륜을 굴리시도다."

천인들은 거듭 게송을 읊었다.

오래 전에	바라나서	사제법륜	굴리시어
모든법이	오음으로	생멸함을	설하셨고
이제 다시	가장 높은	큰 법륜을	굴리지만
깊고 깊은	미묘법문	믿는 이가	드뭅니다
저희들은	옛적부터	세존설법	들었지만
이와 같이	깊고 묘한	법 들은 적	없었는데
이제 이 법	설하시니	크게 수희	하옵니다
지혜 제일	사리불이	성불수기	받았으니
저희 또한	오는세상	틀림없이	성불하여
세상에서	가장귀한	부처님이	되고난 뒤
부사의한	부처의 도	근기 따라	설하고자

과거현세　복업들과　부처님뵌　공덕들을
남김없이　불도에로　모두회향　하옵니다

　그때 사리불이 부처님께 아뢰었다
　"세존이시여, 부처님께서 직접 '아뇩다라삼먁삼보리를 얻는다'는 수기를 해주셨기에, 저는 이제 의심이나 회의가 없게 되었나이다. 그러나 1천 2백 명의 마음이 자재한 아라한들은 전에 듣지 못했던 이 법을 듣고 모두 의심에 빠졌나이다. 왜냐하면 전에 그들이 배우는 자리에 있었을 때 부처님께서 교화하시며 늘 이르셨나이다.
　'나의 법은 생로병사를 능히 벗어나게 하고 마침내는 열반에 이르게 한다.'
　그리하여 아직 배울 것이 남아 있는 유학(有學) 비구들과 더 배울 것이 없는 무학(無學) 비구들은 저마다, 자아가 있다고 고집하는 아견(我見), 자아가 항상 존재한다고 고집하는 유견(有見), 죽으면 모든 것이 없어진다고 고집하는 무견(無見)을 버린 다음, 스스로 열반을 얻었다고 생각하게 되었나이다.

거룩하신 세존이시여, 원하옵건대 이러한 법을 설하시는 인연을 말씀하시어 사부대중으로 하여금 모든 의심에서 벗어나게 하소서."

부처님께서 사리불에게 이르셨다.

"내가 먼저 말하지 않았더냐? '모든 부처님께서 갖가지 인연과 비유와 이야기와 방편으로 설법하심은 모두 아뇩다라삼먁삼보리를 얻게 하기 위한 것이다'라고. 이와 같이 설한 것은 모두 보살을 교화하기 위한 것이었느니라.

사리불아, 내 이제 다시 비유로써 이 뜻을 설명하리니, 지혜로운 이들은 이 비유를 들으면 잘 이해할 수 있느니라.

① 화택유(火宅喩)

사리불아, 어떤 나라의 한 마을에 큰 장자(長者)가 살고 있었느니라. 그는 늙고 쇠약하였으나,

재산이 한량없이 많고 전답과 가옥과 하인들이 많았느니라.

그의 집은 매우 크고 넓었으나 대문은 하나뿐이었고, 그 안에 백명 2백명 내지 5백명의 사람들이 살고 있었지만, 집은 낡고 담은 허물어졌으며 기둥은 썩고 대들보는 기울어져 위태로웠느니라.

어느 날 갑자기 불길이 치솟아 그 집을 태우기 시작하였는데, 그 안에는 열·스물·서른 명이나 되는 장자의 아들이 있었느니라.

장자는 큰 불이 사방에서 치솟는 것을 보고 몹시 놀라 이렇게 생각하였느니라.

'나는 비록 이 불타는 집에서 무사히 빠져나왔지만, 불타는 집 안에서 장난을 하며 노는 데만 정신이 팔려있는 저 아들들은 불이 난 것도 알지 못하고 두려워하지도 않는구나. 불길이 곧 몸에 닿아 고통을 한없이 겪을 것인데, 걱정을 하지도 않고 나올 생각도 하지 않

는구나.'

사리불아, 이 장자는 또 생각했느니라.

'나는 힘이 세니 놀고 있는 아들들을 옷 담는 상자나 궤짝 등에 담아 들고 나오리라.'

그러다가 다시 생각하였느니라.

'이 집은 문이 하나밖에 없는데다가 매우 좁다. 노는 데만 정신이 팔려 영문도 모르는 어린 것들이 떨어지기라도 한다면 불에 타게 될 것이다. 차라리 위험하고 무서운 상황을 알려서 불타는 집에서 빨리 나오게 해야겠다.'

그리고는 아들들에게 빨리 나오라고 소리를 쳤느니라.

아버지가 불쌍히 여겨 좋은 말로 달래어도 보았지만, 아들들은 노는 데만 정신이 팔려 아버지의 말을 믿으려 하지 않았고, 놀라지도 두려워하지도 않았기 때문에 나오려는 생각을 전혀 하지 않았느니라. 더욱이 무엇이 불인지 무엇이 집인지 무엇이 잘못된 것인지도 모른

채, 뛰어다니고 놀면서 아버지를 바라보기만 할 뿐이었느니라.

그때 장자는 생각했느니라.

'이 집은 이미 큰 불에 휩싸여 있다. 아들들이 지금 나오지 않으면 반드시 불에 타게 되리라. 그러니 방편을 써서 아들들이 화를 면할 수 있도록 해야겠다.'

아버지는 아들들이 갖가지 진기하고 재미있는 장난감을 좋아하는 것을 알고 이렇게 말했느니라.

'너희가 좋아하고 갖고 싶어 했던 진귀한 장난감이 여기에 있다. 지금 가져가지 않으면 반드시 후회하리라. 양이 끄는 수레〔羊車〕· 사슴이 끄는 수레〔鹿車〕· 소가 끄는 수레〔牛車〕들이 문 밖에 있으니, 너희는 불타는 집에서 빨리 나오너라. 너희가 달라는 대로 나누어 주겠노라.'

그때 아들들은 아버지가 준다는 장난감이 마음에 들었으므로 매우 기뻐하면서 앞을 다투어 불타는 집에서 뛰쳐나왔느니라.

장자는 아들들이 모두 무사히 나와 네거리 위에 안전하게 앉는 것을 보고는, 걱정이 없어지고 마음이 놓여 한없이 기뻐하였느니라. 그때 아들들이 아버지에게 말했느니라.

'아버지께서 주신다고 했던 양이 끄는 수레와 사슴이 끄는 수레와 소가 끄는 수레를 지금 주십시오.'

사리불아, 그때 장자는 아들들에게 큰 수레를 하나씩 주었느니라. 그 수레는 높고 크고 갖가지 보배로 장식되어 있었으며, 주위에는 난간이 둘러쳐져 있고 사면에는 방울이 달려 있었느니라. 또 위에는 갖가지 색의 진기한 보배로 장식된 일산이 설치되어 있었고, 보배구슬을 꿴 갖가지 아름다운 끈이 드리워져 있었느니라. 또 자리에는 부드러운 천을 겹겹으로 깔고, 붉고 아름다운 베개를 놓았느니라. 또 멍에를 멘 흰 소는 빛깔이 청결하고 몸매가 아름다웠으며, 힘이 매우 좋아 걸음이 안정되면서도 빠르기가 바람 같았고, 많은 시종들이 호위하고 있었느니라.

이처럼 수레가 훌륭했던 까닭은 장자가 큰 부자여서 그의 창고에 재물이 가득 찼기 때문이요, 또 다음과 같이 생각했기 때문이니라.

'나의 재산은 한량이 없으니 아들들에게 변변치 못한 작은 수레를 주는 것은 옳지 못하다. 나에게는 칠보(七寶)로 된 큰 수레가 얼마든지 있으니, 내가 똑같이 사랑하는 이 아들들에게 차별 없이 평등하게 골고루 나누어 주리라. 나에게는 이런 것들이 온 나라 사람들에게 다 나누어 주더라도 없어지지 않을 만큼 많이 있거늘, 어찌 나의 아들들에게 주지 않으랴?'

그때 아들들은 각각 큰 수레를 타고 감탄을 하였나니, 이는 일찍이 생각해보지도 못했던 것이기 때문이었느니라.

사리불아, 네 생각은 어떠하냐? 이 장자가 아들들에게 크고 훌륭한 보배 수레를 똑같이 나누어 준 것이 거짓말을 한 것이냐?"

"아니옵니다, 세존이시여. 이 장자가 아들들로 하여금 화를 면하고 목숨을 보전하도록 한 것만으로도 거짓이 아닙니다. 왜냐하면 목숨을 보전한 것 자체가 이미 훌륭한 장난감을 얻은 것과 같기 때문입니다.

또 세존이시여, 만일 이 장자가 제일 작은 수레조차 주지 않았다 할지라도 그것은 거짓말이 아닙니다. 왜냐하면 이 장자가 애초에 '방편으로 아들들을 나오게 하리라' 생각하였기 때문입니다. 하물며 자기에게 재산이 많음을 알고, 아들들을 이롭게 하고자 큰 수레를 골고루 나누어 주지 않았습니까?"

부처님께서 사리불에게 이르셨다.

"옳고 옳도다. 그대의 말과 같으니라.

사리불아, 여래 또한 이 장자와 같나니, 바

로 일체 세간의 아버지이니라.

여래는 모든 두려움과 고뇌와 근심과 재난과 무명(無明)의 어두움을 영원히 벗어났으며, 끝없는 지견과 십력(十力)과 사무소외(四無所畏)를 성취하였으며, 큰 신통력과 지혜력을 지니고 있으며, 방편바라밀(方便波羅蜜)과 지혜바라밀(智慧波羅蜜)을 다 갖추었으며, 대자대비(大慈大悲)로 게으름 없이 항상 착한 일을 찾아서 중생을 이롭게 하느니라.

그러므로 삼계의 썩고 낡은 불타는 집에 태어난 중생들을 생로병사의 고통과 근심·걱정·고뇌와 무명과 삼독(三毒)의 불길 속에서 건져내고 교화하여 아뇩다라삼먁삼보리를 얻게 하느니라.

내가 보니 중생들은 생로병사의 고통과 근심·걱정·고뇌의 불에 타고 있고, 오욕(五欲)과 재물에 대한 이익 때문에 온갖 고통을 받고 있느니라. 또 끝없이 탐착하고 구하느라 현세에서 온갖 고통을 받고, 죽어서는 그 업 때문에 지옥·아귀·축생에 태어나는 고통을 받으며, 천상이나 인간 세상에 태어나더라도 빈궁하게 살고 사랑하는 이와 헤어지거나 원수와 만나게 되는 등의 고통을 받고 있느니라.

그러나 중생들은 그 가운데 빠져 즐겁게 놀면서, 그것이 고통인지를 알지도 깨닫지도 못하고, 놀라지도 두려워하지도 않으며, 고통을 싫어하여 해탈을 구하려는 생각도 없느니라. 오직 삼계의 불타는 집에서 동서로 뛰어 달리며 큰 고통을 당하고 있어도 근심조차 할 줄을 모르느니라.

사리불아, 나는 그들의 모습을 보고 생각했느니라.

'내 중생들의 아버지가 되었으니 마땅히 그들을 고통에서 구해 주고, 한량없는 부처님 지혜의 즐거움을 주어 참으로 즐겁게 놀 수 있도록 하는 것이 옳으리라.'

사리불아, 나는 또 이렇게 생각했느니라.

'내가 만약 방편을 버리고 신통력과 지혜의 힘만으로 중생들에게 여래지견(如來知見)과 십력(十力)과 사무소외(四無所畏)를 찬탄한다면 중생들을 제도할 수 없을 것이다. 왜냐하면 이 중생들이 아직 생로병사의 고통과 근심·걱정·고뇌에서 벗어나지 못한 채, 여전히 삼계의 불타는 집에서 살고 있기 때문이다. 그들이 어떻게 부처님의 지혜를 알 수가 있겠는가?'

사리불아, 마치 저 장자가 몸과 팔에 힘이 있으나 쓰지 않고, 은근히 방편으로 아들들을 불타는 집에서 구해 낸 뒤에 그들 각각에게 훌륭한 보배 수레를 나누어 주는 것처럼, 여래 또한 십력과 사무소외를 지니고 있으나 그것을 쓰지 않고, 다만 지혜와 방편으로 삼계의 불타는 집에서 중생들을 구해내고자 성문·벽지불·불승(佛乘)의 삼승을 설하면서 이렇게 말하느니라.

'너희는 삼계의 불타는 집에 머물러 있는 것

제3 비유품 · 99

을 즐기지 말라. 하찮은 색(色)·소리·냄새·맛·촉감을 탐내지도 말라. 만일 탐내고 집착하다가 애정이 생기면 불에 타게 되지만, 너희가 삼계에서 속히 나오면 성문·벽지불·불승을 얻게 되느니라. 내 이제 너희를 위해 이 일을 책임지고 보증하나니, 너희는 오직 부지런히 수행정진할지니라.'

여래는 이와 같은 방편으로 중생들을 달래어 바른 길로 나아가게 하고는 또 이렇게 말하느니라.

'마땅히 알아라. 이 삼승법은 성인이 칭찬하는 바요, 걸림 없이 자재하며 즐거움을 따로 구할 필요가 없다. 이 삼승을 타면 청정한 오근(五根)·오력(五力)·칠각지(七覺支)·팔정도(八正道)·선정(禪定)·해탈(解脫)·삼매(三昧) 속에서 큰 기쁨을 체험하며, 한없는 편안함과 즐거움을 누리게 될 것이다.'

사리불아, 만일 어떤 지혜로운 중생이 부처님의 설법을 듣고 믿고 받아 지녀서, 속히 삼계를 벗어나고 열반을 구하고자 꾸준히 정진하면 이런 이를 성문승(聲聞乘)이라 이름하나니, 이는 장자의 아들들이 양이 끄는 수레를 얻으려고 불타는 집에서 나오는 것과 같으니라.

또 어떤 중생이 부처님의 설법을 듣고 믿고 받아 지녀서 부지런히 자연의 지혜〔自然慧〕를 구하며, 혼자 있기를 즐기고 모든 법의 인연을 깊이 알면 이런 이를 벽지불승(辟支佛乘)이라 이름하나니, 이는 장자의 아들들이 사슴이 끄는 수레를 얻고자 불타는 집에서 나오는 것과 같으니라.

또 어떤 중생이 부처님의 설법을 듣고 믿고 받아 지녀서 부지런히 수행하여 일체지(一切智)·자연지(自然智)·무사지(無師智)와 여래지견(如來知見)·십력(十力)·사무소외(四無所畏)를 얻고자 하며, 수많은 중생들을 불쌍히 여겨 안락하게 하고 천인과 인간을 모두 이롭게 하여 해탈시키고자 하면, 이런 이를 대승보살이라 이름하며, 이렇게 대승을 구하기에 마하살(摩訶薩)이라 하나니, 이는 장자의 아들들이 소 수레를 얻고자 불타는 집에서 나오는 것과 같으니라.

사리불아, 마치 저 장자가 불타는 집에서 무사히 빠져 나와 안전한 곳에 이른 아들들을 보면서 스스로에게 재산이 많음을 생각하고 아들들에게 큰 수레를 평등하게 나누어 준 것과 같이, 모든 중생의 아버지인 여래도 한량없는 중생들이 자신의 가르침을 통하여 삼계의 고통과 두렵고 험한 윤회의 길에서 벗어나 열반의 즐거움을 얻었음을 보고는 이렇게 생각하느니라.

'나에게는 한량없는 지혜의 힘과 사무소외, 그리고 모든 부처님의 가르침인 법장(法藏, 법의 창고)을 가지고 있다. 모든 중생은 다 나의 자식이니, 그들에게 각기 다른 멸도(滅度)를 얻게 하기 보다는 골고루 대승법을 설하여 모두 다 여래의 멸도를 얻게 하리라.'

그리고는 삼계에서 벗어난 이들에게 부처님들이 지닌 선정·해탈 등과 같은 장난감들을 주나니, 이는 모두 한 모습〔一相〕이요 한 종류〔一種〕로 성인들이 칭찬하는 바요, 이로부터 능히 청정하고 미묘한 제일의 즐거움〔第一之樂〕이 생겨나느니라.

사리불아, 저 장자가 세 가지 수레로 아들들을 유인한 뒤에 보물로 장식한 큰 수레를 주어 가장 편안하고 즐겁게 한 것이 거짓말이 아니듯이, 여래 또한 이와 같아서 거짓이 없느니라.

처음 여래는 삼승을 설하여 중생들을 인도한 다음에 오로지 대승으로 해탈을 얻게 하느니라. 왜냐하면 여래는 한량없는 지혜와 십력과 사무소외와 모든 부처님들의 법장을 지니고 있으므로 일체 중생에게 대승의 법을 설하여 줄 수 있지만, 중생들은 그것을 처음부터 능히 받아들일 수 없기 때문이니라.

사리불아, 이러한 인연으로 마땅히 알지니, 부처님들은 방편력으로 일불승〔一佛乘〕을 분별하여 성문·연각·보살의 삼승(三乘)을 설하는 것이니라."
 부처님께서는 이 뜻을 거듭 펼치고자 게송으로 이르셨다.

비유하면 어떤장자 크나큰집 가졌나니
집이너무 오래되어 퇴락하고 낡았기에
집채매우 위태롭고 기둥뿌리 썩어들고
대들보는 기울었고 축대들은 무너졌다
담과벽은 갈라지고 발랐던흙 떨어지고
지붕썩어 내려앉고 서까래도 빠져있고
막혀버린 골목에는 오물들이 가득한데
그속에서 오백식구 오밀조밀 살고있다
소리개와 올빼미와 부엉이와 독수리들
까마귀와 까치들과 산비둘기 집비둘기
독사뱀과 살모사와 전갈등의 독충들과
지네들과 그리마와 도마뱀과 노래기들
족제비와 살쾡이와 온갖생쥐 나쁜벌레
혐오스런 무리들이 이리저리 뛰고긴다

똥과 오줌 냄새나고 더러운것 가득한데
말똥구리 벌레들이 날아들어 위를덮고
여우이리 야간들이 죽은송장 서로물고
찢고밟고 뜯고하여 살과 뼈가 나뒹구니
냄새맡은 개떼들이 몰려와서 물고당겨
먹을것을 쟁취하려 이리저리 날뛰면서
서로싸워 이기려고 으렁으렁 짖어대니
그 집속의 무서움이 이와 같이 험하니라
여기저기 곳곳마다 도깨비와 귀신들과
야차들과 아귀들이 사람 고기 씹어먹고
여러종류 독충들과 표독스런 짐승들이
새끼쳐서 젖 먹이고 보호하며 기르는데
야차들이 달려와서 앞 다투어 잡아먹고
먹고나서 배부르면 악한마음 치성하여
무서웁게 악을쓰며 싸워대니 더무섭다
구반다란 귀신들은 땅바닥에 앉았다가
어떤때는 땅위에서 한두자씩 뛰오르고
이리저리 왔다갔다 제멋대로 노닐다가

개다리를 움켜잡고 목을늘러 졸라대니
찍소리도 못하는개 공포속에 잠긴다네
또한키가 장대하고 검고여윈 귀신들은
발가벗은 모습으로 그집속에 있으면서
큰소리로 악을쓰며 먹을것을 서로찾고
목구멍이 바늘구멍 만큼작은 귀신들은
늘주리고 목이말라 울부짖고 헤매이며
또한어떤 귀신들은 소의머리 형상으로
사람시체 뜯어먹고 개고기를 먹느라고
헝클어진 머리몰골 흉하기가 짝없으며
야차들과 아귀들과 모든악한 새와짐승
배고프고 굶주려서 창틈으로 살피나니
여러가지 환난들과 두려움이 끝없도다
이와같이 낡은집이 한사람의 소유인데
그사람이 외출한지 얼마되지 아니하여
그집안의 뒤뜰에서 갑작스레 불이나서
사면으로 한꺼번에 맹렬하게 번져나가
대들보와 서까래와 많고많은 기둥들이

벼락치는 소리내며 갈라지고 진동하고
꺾어지고 부러졌고 담과벽도 무너졌네
여러종류 귀신들이 큰소리로 울부짖고
부엉이와 독수리와 구반다등 귀신들은
당황하고 얼이빠져 나올줄을 모르누나
독충들과 악한짐승 구멍찾아 숨어들고
그집안에 살고있던 비사사란 귀신들은
복과덕이 없는탓에 타는불에 쫓기면서
잔인하게 서로죽여 피를빨고 살먹으며
이미죽어 널려있는 여우들의 시신향해
크고악한 짐승들이 몰려와서 뜯어먹네
냄새나는 연기들이 사방으로 자욱한데
지네들과 그리마와 독사들의 무리들이
불에타고 뜨거워서 구멍에서 나올지면
구반다가 그즉시로 모조리다 주워먹고
또한모든 아귀들은 머리위에 불이붙어
주린데다 뜨거워서 황급하게 달아난다
그큰집이 이와같이 두려웁고 무서우며

제3 비유품 · 107

독해(毒害)부터 화재까지 재난들이 가득한데
바로 그때 집주인은 대문 밖에 서 있었다
어떤 이가 말하기를 '장난질을 좋아하는
당신 여러 아들들이 그 집 속에 갇혔는데
어린것들 소견없어 노는데만 빠져있소'
이 말 듣고 놀란 장자 불타는 집 뛰어들어
아이들을 건져내어 불타 죽게 안 하려고
방편으로 타이르며 많은 환난 설명했네
'악귀들과 독충에다 큰불까지 일어나서
고통들이 점차 늘어 끊이지를 않는단다
살모사와 독사 전갈 여러 종류 야차들과
구반다란 귀신들과 여우 등과 개의 무리
부엉이와 독수리와 소리개와 올빼미와
노래기와 지네들이 배고프고 목이 말라
호시탐탐 노리는 꼴 두렵기가 한없는데
이런 고통 난리 속에 큰불까지 일어났다'
철이 없는 아들들은 아버지 말 들었으나
놀이에만 정신 팔려 희희낙락 즐겼도다

바로이때 그장자는 생각다시 돌이켰다
'아들들이 이같으니 내근심이 더하누나
이집에는 즐길것이 조금치도 없건마는
저아이들 정신없이 노는데만 빠져있어
내말듣지 아니하니 장차화를 당하리라'
그때다시 생각하고 방편으로 말했도다
'내가가진 여러가지 장난감들 가운데에
보배로운 양의수레 사슴수레 소수레를
대문밖에 두었으니 어서빨리 나오너라
너희위해 내가이런 수레들을 꾸몄으니
마음대로 취하여서 즐거웁게 놀지니라'
아들들은 그런수레 있다는말 듣자마자
앞다투고 서로밀며 불타는집 뛰쳐나와
넓은공터 이르러서 모든고난 면하였다
그장자는 아들들이 불타는집 빠져나와
네거리에 앉는것을 사자좌에 높이앉아
환희롭게 굽어보며 자축하여 말했도다
'나는이제 쾌락하다 애써기른 어린것들

제3 비유품 · 109

철이없고 어리석어 험한집에 있었노라
득실대는 독충들과 도깨비도 무서운데
불길까지 사방에서 맹렬하게 일었건만
철모르는 자식들이 놀기에만 정신팔려
닥쳐올화 잊은채로 뛰어놀고 있었구나
내가이제 구하여서 환면하게 하였으니
사람들아 이제서야 내마음이 쾌락하다'
그때여러 자식들이 편안하게 앉아있는
아버지께 나아가서 이와같이 말했도다
'세가지의 보배수레 저희에게 주옵소서
저희들이 나올지면 세가지의 수레 중에
원하는것 주신다고 분명약속 하셨으니
지금이곧 때입니다 어서나눠 주옵소서'
큰부자인 그장자는 보물창고 많이있어
금과은과 유리들과 자거마노 산호진주
여러가지 보배들로 큰수레를 만들면서
아름답게 장식하되 좌우난간 들렀으며
사방에다 풍경달고 황금줄과 진주들로

장식을한 그물로써 장막처럼 위를덮고
황금꽃과 구슬들로 여러곳을 장식하고
여러가지 색깔들로 그림그려 둘렀으며
부드러운 비단으로 앉는자리 만든다음
수천억의 가치지닌 훌륭하기 그지없는
희고맑고 묘한천을 수레위에 덮었도다
이수레를 살이찌고 몸매또한 아름다운
크고힘센 흰소몸에 메어끌게 하였으며
많고많은 시종들이 따라가며 호위하는
이와같은 좋은수레 아들에게 주었도다
바로이때 아들들이 환희하여 춤추면서
보배로된 수레타고 사방으로 내달리니
즐거웁게 노는모양 걸림없이 자유롭다
사리불아 이르노니 나도또한 이와같아
성인중에 가장높은 이세간의 아버지다
일체모든 중생들이 모두나의 자식인데
세상쾌락 집착할뿐 지혜롭지 못한데다
이삼계의 불안함은 타오르는 집과같아

제3 비유품 · 111

온갖 고통 가득찼고 그지없이 두렵나니
나고늙고 병이들고 죽는고통 항상있고
온갖우환 불길들이 맹렬하게 타오른다
여래들은 이삼계의 불타는집 일찍떠나
숲과들등 편안하고 고요한데 머물지만
이삼계는 모두가다 내소유의 집과같고
그가운데 있는중생 모두나의 아들이며
지금여기 넘쳐나는 여러가지 환난들도
오직내가 아닐지면 구제할수 없느니라
타이르고 가르쳐도 능히믿지 아니함은
오욕락과 번뇌속에 깊이얽힌 까닭이다
이에나는 방편으로 삼승법을 설하나니
중생들이 삼계속의 고통들을 바로알아
이세간을 벗어나게 하기위한 것이로다
아들들의 믿는마음 확고하게 정해지면
삼명(三明)에다 육신통을 모두갖춘 성문이나
연각또는 불퇴전에 이른보살 되느니라
사리불아 잘들어라 중생들을 위해나는

이와같은 비유로써 일불승을 설하노니
너희들이 만일이제 이를믿고 지닌다면
너희들은 모두가다 부처의도 이루리라
일불승은 미묘하고 청정하기 제일이요
일체모든 세간에서 위가없이 가장높아
부처님도 기뻐하고 일체모든 중생들도
칭송하고 찬탄하고 공양하고 예배한다
한량없는 억천가지 많고많은 힘과해탈
선정지혜 등과같은 부처님의 여러법들
일승법을 얻게되면 모두함께 이루나니
큰수레를 얻은아들 길이길이 즐겨타듯
보살들과 성문등의 믿음지닌 대중들이
일불승에 올라타면 불도량(佛道場)에 바로간다
이와같은 까닭으로 시방세계 어디에도
일불승을 뛰어넘는 수레찾지 못하노라
사리불아 이르노니 너희들은 모두가다
부처님의 아들이요 나는너희 아버지다
오랜겁을 불속에서 고통받은 너희들을

제3 비유품 · 113

내 반드시 건져내어 삼계에서 구하리라
내 이전에 '너희들도 멸도(滅度)했다' 하였지만
생사만이 끝났을뿐 참된멸도 아니니라
이제응당 너희할일 부처지혜 구함이니
여기대중 가운데에 함께하는 보살들은
일심으로 부처님의 진실한법 잘들어라
모든부처 세존께서 비록방편 썼지마는
교화가된 다음에는 모두가다 보살이다
어떤사람 지혜작고 애욕에만 집착하면
이를벗게 하기위해 고성제(苦聖諦)를 설하나니
이 희유한 법문들은 중생들이 기뻐함은
고성제가 진실되고 틀림없기 때문이다
또무엇이 괴로움의 근본인지 잘몰라서
고(苦)를낳는 행위들인 집성제(集聖諦)에 집착하여
못버리는 이를위해 방편으로 설하기를
탐욕심이 모든고통 원인이라 하였노라
만일탐욕 없어지면 고(苦)가 의지 할데없어
온갖고통 소멸되니 멸성제(滅聖諦)라 하였노라

멸성제를 이루려면 도성제를(道聖諦) 닦고닦아
고의속박 벗게되면 해탈이라 했느니라
이사람들 진정으로 해탈하게 된것일까
허망함을 떠났기에 해탈이라 한것일뿐
실제로는 완전하게 해탈한것 아니기에
참된멸도 얻은것은 아니라고 말했으며
이사람들 위없는도 아직얻지 못했기에
참멸도에 이르렀음 인정하지 않느니라
나는법의 왕으로서 모든법에 자재하며
중생들을 편케하려 이세상에 나왔도다
사리불아 일승법은 내가르침 근본으로
온세간에 이익주려 지금설한 것이니라
그러므로 제맘대로 발설하면 아니된다
만일이법 알아듣고 기뻐하며 받든다면
알지니라 이사람은 불퇴전의 보살이요
어떤이가 이가르침 믿고받아 지닌다면
이사람은 지난세상 부처님을 친견하여
공경하고 공양하며 이법문을 들은이다

제3 비유품 · 115

어떤 이가 　내가 설한 　이 법 능히 　믿는다면
이 사람은 　나와 너를 　과거세에 　만났었고
이곳 비구 　보살들도 　만난 적이 　있음이다
법화경을 　설법함은 　지혜인을 　위함이라
앎이 적고 　미혹하면 　절대 이해 　할 수 없고
일체 모든 　성문이나 　벽지불의 　힘으로도
이 경전을 　온전하게 　이해할 수 　없느니라
지혜 제일 　사리불도 　믿는 마음 　갖고서야
이 경전의 　가르침에 　들어설 수 　있었거늘
어찌 다른 　성문이야 　말을 하여 　무엇하랴
나를 믿는 　성문만이 　이 경전에 　다가설 뿐
제 지혜로 　법화경을 　이해함이 　아니로다
사리불아 　교만하고 　게으르고 　제 생각에
빠져 사는 　이에게는 　이경 설법 　말지니라
식견 얕고 　오욕 속에 　묻혀 사는 　범부들은
설해줘도 　모르나니 　그에게도 　설법 말라
믿지 않는 　어떤 사람 　이 경전을 　비방하면
세상에서 　부처님 될 　종자 모두 　끊게 되면

혹은얼굴 찌푸리고 의혹심을 품었을때
받게되는 과보들을 설할테니 잘들으라
부처님이 계시거나 멸도하신 뒤에라도
이경전을 비방커나 경전읽고 쓰는이를
경멸하고 미워하며 원한까지 품는다면
그사람이 받는과보 어떠할지 들어보라
그사람은 죽은뒤에 아비지옥 들어가서
일겁동안 벌을받고 그곳에또 태어나니
수도없이 많은겁을 지옥에서 지내니라
그는지옥 벗어난뒤 축생으로 태어나서
약한개나 여우되니 그형상은 수척하고
못생기고 더러워서 사람마다 꺼려한다
또한다시 천대받아 어느때나 목마르고
굶주림이 계속되어 앙상하게 뼈만남고
살아서는 죽을고생 죽어서는 자갈무덤
부처종자 끊은탓에 이런죄보 받느니라
또한다시 낙타로나 당나귀로 태어나면
무거운짐 항상지고 채찍질을 참아내고

물과먹이 생각할뿐 다른것은 모르나니
법화경을 비방하면 이런죄보 받느니라
다시여우 몸받으니 몸뚱이에 옴오르고
한쪽눈이 멀은채로 동네마을 들어가면
장난하는 애들에게 몽둥이로 매맞으며
갖은고통 다겪다가 비참하게 죽게된다
이와같이 죽은다음 구렁이몸 다시받아
징그러운 몸의길이 오백유순 되는데도
귀가먹고 발이없어 꿈틀꿈틀 기어가니
온갖작은 벌레들이 물어뜯고 피를빨아
밤낮으로 받는고통 쉴사이가 없음이니
법화경을 비방하면 이런죄보 받느니라
또한다시 사람되도 육근(六根)모두 암둔하며
앉은뱅이 곰배팔이 절름발이 귀머거리
장님이나 곱추등의 불구자가 될뿐더러
무슨말을 할지라도 사람들이 믿지않고
입에서는 늘냄새나 귀신들이 따라붙고
천박하고 가난하여 남의부림 당하노라

병도많고 여윈데다 의지할곳 전혀없고
사람곁에 다가가도 붙여주지 아니하며
어떤소득 생겨나도 금방다시 잃게되고
의술익혀 처방따라 남을치료 한다해도
병이점점 더하든가 혹은되려 죽게한다
자기몸에 병이나면 구원해줄 사람없고
좋은약을 먹더라도 병이더욱 악화되며
다른사람 반역죄나 강도질과 도둑질에
이유없이 말려들어 심한고초 당하니라
이죄인은 성인중의 성인이신 부처님을
영원토록 못만나니 어찌교화 받겠는가
늘불도를 수행하기 어려운곳 태어나고
귀먹거나 산란하여 불법듣지 못하니라
항하사겁 오랜세월 수도없이 태어나도
그때마다 불구되어 귀가먹고 말못하며
지옥속을 동산에서 노닐듯이 살아가고
삼악도를 제집처럼 하염없이 드나들며
낙타나귀 돼지등과 개의태(胎)에 태어나니

제3 비유품 · 119

법화경을 비방한탓 이런죗값 받느니라
인간으로 태어나도 귀머거리 장님또는
벙어리가 되기쉽고 가난하고 쇠약하여
몸붓는병 목마른병 나병폐병 등창병등
여러가지 나쁜병을 옷을삼아 입느니라
몸은심한 악취에다 때가많고 더러우며
내소견에 집착하여 성내는일 매우많고
음욕심이 치성하여 짐승들도 안가리니
법화경을 비방하면 이런죄보 받느니라
사리불아 이르노니 법화경을 비방한자
받는죄보 말하려면 겁다해도 끝없도다
이와같은 인연으로 너희에게 말하노니
지혜없는 이에게는 결코이경 설법말라
만일어떤 사람있어 영리하고 지혜밝고
많이듣고 힘써배워 부처님도 구하거든
이와같은 불자위해 법화경을 설하여라
또어떤이 오랜겁에 백천억의 부처뵙고
착한씨앗 많이심어 마음깊고 견고하면

이와같은 불자위해 법화경을   설하여라
어떤이가 정진하여 자비심을   항상닦되
목숨아니 아끼거든 법화경을   설하여라
또어떤이 부처님을 한결같이   공경하여
다른마음 전혀없고 어리석은   이들떠나
산속등의 조용한곳 홀로살고   있거들랑
이와같은 이를위해 법화경을   설하여라
또한다시 사리불아 어떤이가   어느때나
나쁜사람 멀리하고 좋은벗과   함께하면
이와같은 이를위해 법화경을   설하여라
또한어떤 불자들이 맑고밝은   구슬같이
청정계율 지키면서 대승경전   구하거든
이와같은 이를위해 법화경을   설하여라
어떤이가 성안내고 마음곧고   부드러워
온갖중생 사랑하고 부처님잘   공양커든
이와같은 이를위해 법화경을   설하여라
또한어떤 불자들이 여러대중   가운데서
맑고맑은 마음으로 여러가지   인연들과

비유들과 이야기로 걸림없이 설법하면
이와같은 이를위해 법화경을 설하여라
만일어떤 비구있어 일체지혜 얻기위해
사방으로 법구하고 합장하며 받들거나
대승경전 수지하여 간직하기 즐겨할 뿐
소승경의 한게송도 받아갖지 않았다면
이와같은 이를위해 법화경을 설하여라
또한어떤 사람있어 불사리를 구하듯이
지극정성 다하여서 법화경을 구한다음
오직이를 수지할뿐 다른경전 구함없고
외도들의 가르침에 관심조차 안가지면
이와같은 이를위해 법화경을 설하여라
사리불아 이르노니 지금말한 예와같이
겁다해도 부처의도 구하는일 끝없으면
이와같은 사람능히 믿고이해 할것이니
모름지기 이들위해 법화경을 설하여라

〈제3 비유품 끝〉

제4 신해품
第四 信解品

    그때 혜명수보리와 마하가전연·마하가섭·마하목건련은 부처님께서 일찍이 듣지 못하였던 법을 설하심과 동시에, 사리불에게 아뇩다라삼먁삼보리를 얻게 될 것이라고 수기하시는 것을 듣고 매우 놀라워하고 뛸 듯이 기뻐하였다〔歡喜踊躍〕. 그들은 자리에서 일어나 오른쪽 어깨를 드러내고 오른쪽 무릎을 땅에 댄 다음, 일심으로 합장하고 허리를 굽혀 존경의 뜻을 표하면서 부처님을 우러러보며 아뢰었다.

    "저희들은 대중의 윗자리에 있는 비구로, 나이가 많고 늙었나이다. 그래서 스스로 생각하기를, '열반을 얻었으니 이제 해야 할 일이 없다'고 하면서, 더 이상 아뇩다라삼먁삼보리를 구하지 않았나이다.

세존께서는 예전부터 오래도록 이 법을 설하셨습니다. 그러나 게으른 저희들은 오직 '모든 것은 비었고[空] 차별의 상이 없으며[無相] 지을 바가 없다[無作]'는 이치만을 생각하였을 뿐, 보살의 법과 신통으로 불국토를 정화하고 중생을 성취시키는 일을 마음으로 달가워하지 않았나이다.

왜냐하면 세존께서 저희로 하여금 '삼계에서 벗어나 열반을 얻게 해주셨다'고 믿은 데다가, 저희가 너무 늙어 부처님께서 보살을 가르치는 법인 아뇩다라삼먁삼보리에 대해 좋다는 생각을 한번도 내지 않았기 때문입니다.

이제 저희는 부처님께서 성문들에게 '아뇩다라삼먁삼보리를 얻으리라' 수기하시는 것을 듣고 마음이 매우 환희로울 뿐 아니라 놀랍기 그지없습니다. 이는 갑자기 크고 좋은 이익과

뜻하지도 않은 수많은 보물을 얻게 된 것과 같나이다.

세존이시여, 저희는 지금 비유를 들어 이 뜻을 명확하게 밝히고자 하옵니다.

② 궁자유窮子喩

어떤 이가 어렸을 때 아버지를 버리고 도망을 쳐서 다른 나라에서 십년 이십년, 마침내는 오십년을 살았습니다. 그는 나이가 들었는데도 여전히 가난하여, 먹을 것과 입을 것을 구하려고 사방으로 떠돌다가 자기 나라로 돌아가게 되었습니다. 그리고 아버지는 애타게 아들을 찾아다녔으나 만나지 못하자, 나라 안의 한 도시에 머물러 살았습니다.

아버지는 매우 부유하여 재산과 보물이 한없이 많았습니다. 금·은·유리·산호·호박·파리·진주 등의 보물이 창고마다 가득 차 넘쳐흘렀고, 노비·시종·일꾼과 코끼리·말·수레·소·양도 많았습니다. 또 물건이나 곡식을 거래하는 일이 다른 나라에까지 이르렀기에, 알고 지내는 상인들이나 고객도 매우 많았습니다.

그때 빈궁한 아들이 여러 도시와 시골을 떠돌다가 마침내 아버지가 살고 있는 도시에 이르렀습니다. 아버지는 늘 아들 생각만 했고, 아들과 이별한 지가 오십 년이나 되었지만 누구에게도 그 사실을 말하지 않고 혼자서만 한탄했습니다.

'나는 이미 늙었다. 자식도 없다. 죽게 되면 창고마다 가득한 금·은 등의 진귀한 보물을 누구에게 물려주랴?'

이렇게 은근히 아들을 기다리면서 또 생각했습니다.

'아들을 만나 재산을 전해주게 된다면 한없이 쾌락하여 근심이 없으리라.'

세존이시여, 바로 그때 빈궁한 아들은 품팔

이를 하며 이리저리 떠돌다가 우연히 아버지가 사는 집의 대문 앞에 서게 되었습니다.

멀리서 아버지를 보니 그는 보배궤로 발을 받치고 사자좌(獅子座)에 앉아 있었으며, 바라문과 귀족과 거사(居士)들이 공경하는 자세로 주위를 에워싸고 있었습니다. 그는 아주 값진 진주와 영락으로 치장을 하였고, 일꾼과 시종들이 흰 총채를 들고 좌우에서 시중을 들고 있었습니다. 그리고 주위에는 보배구슬 휘장과 꽃장식들이 가득하였으며, 땅에는 향수와 이름 있는 꽃들이 뿌려져 있었습니다. 또 보물을 늘어놓고 매매하는 등 모든 것이 아주 위엄 있고 덕이 있게 보였습니다.

그가 큰 세력을 가지고 있음을 느낀 빈궁한 아들은 두려워하면서, 그곳에 온 것을 후회하였습니다.

'저 분은 왕이거나 왕과 비슷한 사람일 것이다. 이곳은 내가 품팔이를 할 곳이 못 된다. 차

라리 가난한 마을로 가서 품을 팔아 먹을 것과 입을 것을 구하는 것이 더 나으리라. 여기 오래 있다가 붙잡히면 강제로 일을 시킬지도 모른다.'

그리고는 재빨리 그곳을 떠났습니다.

그때 장자는 사자좌에서 아들을 단번에 알아보고 크게 기뻐했습니다.

'아, 창고마다 가득 차 있는 나의 재물을 물려줄 이가 생겼도다. 내 항상 이 아들을 생각하였건만 만날 길이 없었는데, 이제 스스로 찾아와서 나의 소원을 이루어 주는구나.'

그리고는 사람을 보내 데려오게 하였고, 심부름꾼이 달려가서 붙잡자 빈궁한 아들은 몹시 놀라 큰소리로 외쳤습니다.

'잘못한 일도 없는데 왜 붙잡습니까?'

하지만 심부름꾼이 더욱 강하게 붙잡아 끌고 가자, 빈궁한 아들은 '죄도 없이 붙잡혔으니 이제 꼼짝없이 죽겠구나' 하면서 더욱 두려워하며 고민하다가 기절을 했습니다. 그때 멀리서 이 모습을 보고 있던 아버지가 심부름꾼에게 말했습니다.

'그 사람을 억지로 데려올 것 없다. 얼굴에 냉수를 뿌려 깨어나게 하고, 아무 말도 하지 말아라.'

왜냐하면 아들의 마음이 좁고 못나서 자신의 부귀를 감당하기 어렵다는 것을 알았기 때문입니다. 그는 분명히 자신의 아들임을 알았지만 방편을 써서 다른 사람에게 알리지 않고 심부름꾼을 시켜 말했습니다.

'너를 놓아 줄테니 가고 싶은 대로 가거라.'

곤궁한 아들은 몹시 기뻐하며 가난한 마을로 가서 먹을 것과 입을 것을 구했습니다.

그때 장자는 아들을 달래어 데려오고자 방편을 써서, 모습이 초라하고 보잘 것 없는 두 사람을 은밀히 보내면서 당부했습니다.

'너희는 그 사람에게 가서, 일할 곳이 있는

데 품삯을 배로 준다고 하여라. 만약 그가 허락하거든 데려와서 일을 시켜라. 그리고 그가 무슨 일을 시킬 것이냐고 묻거든 거름 치우는 일이라 답하고, 너희 두 사람도 함께 일을 할 것이라고 말하여라.'

두 사람은 빈궁한 아들을 찾아가서 그대로 말하였고, 그들을 따라온 빈궁한 아들은 품삯을 먼저 받고 거름을 치우는 일을 시작하였는데, 아들을 볼 때마다 아버지는 안타깝고 불쌍하기 그지없었습니다.

어느 날 아버지는 창문을 통하여, 앙상하게 여위어 초췌한 데다 오물과 흙먼지를 뒤집어쓴 더러운 아들의 모습을 보고는, 곧 영락과 장신구와 좋은 옷을 벗고 더럽고 허름한 옷으로 갈아입은 뒤, 몸에 흙먼지를 바르고 거름 치우는 기구를 들고 조심스럽게 일꾼들에게 다가가 말했습니다.

'게으름 피우지 말고 부지런히 일해라.'

그리고는 짐짓 아들에게 다가가 말했습니다.

'다른 곳에 가지 말고 여기에서 계속 일을 해라. 품삯도 올려 주고, 그릇·쌀·밀가루·소금·식초 등 필요한 물건들도 다 주고, 나이든 심부름꾼도 붙여줄 것이니 안심하고 지내라. 나는 늙고 자네는 젊으니 나를 아버지처럼 생각해도 좋다. 자네는 일을 할 때 다른 일꾼들처럼 속이거나 게으르거나 성내거나 한탄하거나 원망하지를 않더구나. 지금부터 나는 자네를 내 친아들처럼 생각할 것이다.'

그리고는 새로운 이름을 지어 주고 '아들'이라 불렀습니다.

빈궁한 아들은 그와 같은 대우를 받는 것을 기뻐하면서도 여전히 스스로를 머슴살이하는 천한 사람이라 여겼기 때문에, 아버지는 이십 년 동안이나 그에게 거름 치우는 일을 하게 할 수밖에 없었습니다. 그리고 서로 믿고 친하게 되어 어려움 없이 드나들게 되었지만, 아들의 거처는 여전히 그 전과 같았습니다.

세존이시여, 어느 날 장자는 병에 걸려 머지않아 죽게 될 것임을 알고 빈궁한 아들에게 말했습니다.

'내 창고에는 금·은 등의 진귀한 보물이 가득하다. 그 속에 있는 모든 재물과 주고받아야 할 것들은 네가 모두 알아서 처리하도록 해라. 나의 뜻이 이러하니 잘 받들어 행하기 바란다. 왜냐하면 너와 나는 이제 한 몸이나 다름없기 때문이다. 아무쪼록 주의하여 잘 보존해 주기 바란다.'

이에 빈궁한 아들은 분부를 받들어 금은 등의 진귀한 보물과 모든 창고들을 관리하게 되었습니다. 그러나 밥 한 그릇 더 가지려는 생각이 없었고, 머무는 거처도 그대로였으며, 천하고 못났다는 생각 또한 버리지 않고 있었습니다.

다시 얼마 뒤, 아버지는 아들의 마음이 차츰 넓어져 큰 뜻을 지니게 되었고, 예전의 천하고 못난 마음을 뉘우치고 있음을 알게 되었습니다. 아버지는 임종 때가 가까워지자 아들에게 명하여 친족들과 국왕·대신·무사·거사들을 모두 한 자리에 모이게 한 뒤 이렇게 말했나이다.

'여러분은 마땅히 아십시오. 이 사람은 내가 낳은 나의 아들입니다. 전에 살던 곳에서 나를 버리고 도망을 쳐서 오십년 동안이나 방랑하며 온갖 고생을 다 겪었소이다. 이 사람의 본래 이름은 아무개이고 내 이름은 아무개입니다. 예전에 본래 살던 고향에서 무척 걱정을 하며 찾아 헤맸는데, 여기에서 우연히 만나게 되었습니다. 이 사람은 내 아들이요 나는 그의 아버지이니, 이제 나의 재산은 모두 그의 것입니다. 그리고 이전까지 행해왔던 모든 거래관계도 내 아들이 모두 알아서 할 것이오.'

세존이시여, 그때 아들은 아버지의 말을 듣고 일찍이 없었던 일이라며 크게 기뻐하였나이다.

'내 본래 바라는 마음이 없었건만, 보물 창고가 저절로 나에게 이르렀구나.'

❀

세존이시여, 부유한 장자는 곧 여래이시고 저희는 장자의 아들과 같기에, 여래께서는 늘 저희를 아들이라고 말씀하셨습니다.

세존이시여, 저희는 세 가지 괴로움〔三苦〕에 시달리고, 나고 죽는 가운데 온갖 번뇌를 다 겪으면서도, 미혹하고 무지하여 작은 법〔小法〕만을 즐겼습니다. 그리하여 세존께서는 줄곧 저희로 하여금 법에 대한 쓸데없는 희론〔戱論〕들을 버리도록 이끄셨지만, 저희는 곤궁한 아들이 거름구덩이 속에서 부지런히 정진하여 받은 하루 품삯을 열반으로 삼아 매우 기뻐하고 만족하게 여겼으며, 또 이렇게 생각했나이다.

'부처님 법 속에서 부지런히 정진하니 얻은 바가 매우 크고 많구나.'

그러나 세존께서는 저희가 잘못된 욕망(五欲)에 집착하고 작은 법을 즐기고 있다는 것을 아시면서도 그냥 내버려 두었을 뿐, '너희에게도 여래지견(如來知見)의 보배창고(寶藏)가 있다'는 말씀을 직접 하지 않았나이다.

또 세존께서는 뛰어난 방편력으로 여래의 지혜를 말씀하셨지만, 저희 스스로 하루 품삯에 해당하는 열반을 얻고서 큰 것을 얻었다고 여겼기 때문에 대승을 구하지 않았나이다.

그리고 저희도 여래의 지혜에 대해 보살들과 이야기는 하였지만, 여래의 지혜를 구할 뜻은 전혀 없었나이다. 왜냐하면 부처님께서는 저희들이 작은 법을 즐긴다는 것을 아시고, 장자가 친아들에게 한 것처럼, 방편력으로 저희의 근기에 맞게 작은 법을 설하셨다는 것을 미처 알지 못하였기 때문입니다.

이제야 저희는 세존께서 부처님의 지혜를 아낌없이 설하고자 하셨음을 알게 되었나이다. 저희가 본래 세존의 아들인데도 작은 법만을 즐겼기에 설하시지 않은 것일 뿐, 저희가 큰 법을 즐겼더라면 세존께서는 즉시 저희들에게 대승법을 설하여 주셨을 것입니다.

지금도 이 경을 통하여 오직 일승(一乘)만을 설하시고, 예전에도 보살들 앞에서 성문들이 작은 법만을 즐긴다며 나무라셨으니, 부처님께서는 분명히 대승만으로 교화하셨나이다. 그러므로 저희는 이렇게 말씀드리나이다.

'본래 무심하여 바라지도 않았는데 지금 법왕의 큰 보물이 저절로 굴러 와서, 부처님의 아들이 마땅히 얻어야 할 바를 모두 얻었노라.'"

이때 마하가섭은 이 뜻을 거듭 밝히고자 게송으로 아뢰었다.

저희들은 오늘에야 부처님의 법문듣고
일찍없던 법을얻어 큰기쁨을 누립니다
'성문들도 성불한다' 부처님이 설하시니
가장좋은 보배들을 절로얻게 됨입니다
비유컨대 어린아이 철이없고 어리석어
아버지를 버리고서 타향땅에 도망가서
오십년을 정처없이 떠돌면서 살았으며
아버지는 사방으로 아들찾아 다니다가
마침내는 크게지쳐 어느성에 머물면서
큰집하나 지어놓고 오욕락을 즐깁니다
그집주인 큰부자라 금은자거 마노진주
유리등의 보배들과 말과소와 코끼리와
양과가마 수레들과 논과밭과 시종들과
하인들과 소작인이 많고많아 끝이없고
주고받는 이익들이 타국까지 미쳤기에
상인들과 고객들이 집에가득 했나이다
천만억의 사람들이 둘러서서 공경하고
임금이나 왕족들의 총애많이 받았으며

여러대신 호족들이 한결같이 공경하니
오고가는 사람들이 어찌많지 않으리까
부귀영화 누렸지만 나이들고 늙을수록
자나깨나 아들생각 항상가득 했나이다
'죽을때가 가깝건만 어리석은 내아들은
나버리고 떠난지가 오십여년 되었구나
창고속의 저재물을 어찌하면 좋을건가'
바로그때 궁한아들 옷과음식 구하려고
이마을로 저마을로 여러곳을 떠돌면서
어떤때는 얻어먹고 어떤때는 얻지못해
굶주리고 여윈데다 옴과버짐 생긴채로
이곳저곳 떠돌다가 부친사는 성에닿아
품을팔고 다니다가 그집앞에 갔나이다
그즈음에 아버지는 자기집의 문안에서
보배휘장 둘러치고 사자좌에 앉은채로
많고많은 권속들과 함께하고 있었는데
무리속의 어떤이는 금은보물 헤아리고
어떤이는 거래내역 기록하고 있음이라

궁한아들 아버지의 부귀함과 위엄보고
'저사람은 왕아니면 아주높은 이로구나
내가여기 왜왔던가 놀랍고도 두렵도다
여기오래 있다가는 꼼짝없이 붙들려서
틀림없이 강제노동 당할것이 분명하다'
이와같이 생각하고 한시바삐 도망하여
빈촌으로 찾아가서 품을팔려 했습니다
바로그때 사자좌에 앉아있던 아버지가
저멀리서 보고서는 아들인줄 바로알고
심부름꾼 즉시보내 잡아오게 하였는데
놀란아들 고민하다 바로기절 했나이다
'이들에게 잡혔으니 꼼짝없이 죽는건가
밥과옷을 구하려다 이모양이 되었구나'
그모습을 본장자는 다시생각 했나이다
'내아들은 어리석고 용렬하기 그지없다
내가저의 아비임을 결코믿지 않으리라'
그리고는 방편으로 다른사람 파견하되
애꾸눈에 못난사람 선택하여 이르기를

'너는 가서 말하기를 내 집 와서 품을 팔아
거름치는 일을 하면 품삯 곱을 준다 하라'
궁한 아들 그 말 듣고 기뻐하며 따라와서
거름치고 집 안팎을 청소하며 지냅니다
어느 때나 자기 아들 살펴보던 부자 장자
어리석고 못난 것이 천한 일만 좋아하자
허름한 옷 바꿔 입고 거름치는 도구 들고
아들한테 다가가서 방편으로 말합니다
'품삯을 더 올려주고 발에 바를 기름하며
음식이나 이부자리 풍족하게 줄 것이니
여기에서 일을 해라 성실하게 일하는 너
내 아들과 다름없다' 이와 같이 타이른 뒤
지혜 있는 그 장자는 이십년을 자유롭게
드나들게 하고 나서 집안일을 다 맡기고
금과 은과 진주 파리 보물창고 보여주며
나고 드는 모든 물건 관리하게 하였으나
그 아들은 변함없이 대문 밖에 붙어 있는
초막에서 잠을 자며 제 스스로 생각하되

'나는본래 가난하여 재물없다' 했나이다
아버지는 아들마음 넓어지고 있음알고
그재산을 물려주려 친척국왕 대신무사
거사들을 모아놓고 그들에게 말합니다
'이사람이 바로내가 친히낳은 아들인데
나를떠나 멀리가서 오십년을 지내다가
우연하게 여기와서 이십년을 또지냈소
옛날어떤 성안에서 이아들을 잃고나서
이리저리 헤매면서 무진애를 썼었지만
결국찾지 못하고서 여기까지 온것이오
이제내가 가진집과 하인등의 모든것을
아들에게 물려주어 제뜻대로 쓰게하리'
가난하고 궁했을때 뜻과마음 좁던아들
이제와서 아버지의 큰재산을 물려받아
귀한보물 큰저택과 온갖재물 얻게되자
이전에는 못느꼈던 큰기쁨을 누립니다
부처님도 우리들이 작은법을 즐김알고
'너도성불 하리라'는 말씀하지 않으시고

제4 신해품 · 141

번뇌없는 무루법을 겨우얻은 저희에게
소승법만 성취를한 성문이라 했나이다
부처님이 저희에게 위없는도 설하신뒤
'이가르침 잘닦으면 성불한다' 하시었고
'보살에게 위없는도 설하라'고 하시기에
보살들을 찾아가서 인연담과 비유섞어
위없는도 설했더니 그불자들 법문듣고
밤낮으로 사유하며 힘써정진 했나이다
바로그때 제불께서 그들에게 수기하되
'오는세상 너희들은 성불한다' 했습니다
그리고는 제불들의 비밀스레 전해온법
여러보살 들에게만 사실대로 설하시고
저희들을 위해서는 말씀아니 했나이다
이는마치 궁한아들 아버지와 함께하며
모든보물 관리하나 가질생각 없었듯이
저희들도 부처님의 법보장을 설했지만
막상그법 구할생각 전혀아니 했나이다
저희들은 모든번뇌 끊는것에 만족하여

法寶藏

'이것 알면 그만이요 다른 것은 없다'면서
불국토를 맑게 하고 중생들을 교화하는
보살법문 들었어도 아니 기뻐 했습니다
왜냐하면 이 세간의 모든 법이 공적(空寂)하여
생도(生)없고 멸도(滅)없고 크고 작음 또한 없는
무루무위(無漏無爲) 뿐이라고 생각했기 때문이니
즐겁고도 기쁜 마음 어찌 생겨 났으리까
저희들은 오랜 세월 부처님의 대지혜를
탐하지도 아니하고 구하지도 않으면서
저희들이 얻은 법을 구경(究竟)이라 했나이다
오랜 세월 모든 것이 공하다는 이치 닦아
욕계 색계 무색계의 삼계 고통 벗어나서
이 몸으로 유여열반(有餘涅槃) 머무르게 되는 것이
부처님의 교화 받아 참된 도를 얻음이요
부처 은혜 갚음이라 생각하여 왔나이다
부처님은 저희 위해 보살법을 설하시며
부처님이 되는 도를 구하라고 하셨으나
보살법을 구하지도 즐기지도 아니하는

제4 신해품 · 143

저희마음 잘아시고 그냥버려 두었을뿐
'참된이익 있다'시며 권치아니 했나이다
아버지가 아들마음 용렬한줄 미리알고
방편으로 그마음을 항복받고 다스린뒤
많은재산 남김없이 모두물려 주었듯이
부처님도 보기드문 희유한일 나타내되
방편력을 베푸시어 작은법을 즐겨하는
작은마음 다스린후 큰지혜를 주십니다
저희들이 이제까지 바라지도 아니했던
미증유의 보배법을 절로얻게 되었으니
한량없는 보물얻은 궁한아들 같나이다
세존이여 제가이제 도를얻고 과보얻어
무루법에 머물면서 청정한눈 얻었으니
저희들이 오랜세월 청정계율 지닌결과
오늘에야 이와같은 과보들을 얻게되고
법왕의법 가운데서 청정수행 오래함에
미혹없는 무상대과(無上大果) 얻게되나 보옵니다
저희들이 오늘에야 참된성문(聲聞) 되었기에

^{佛道聲}
불도성을 모두에게 들려주게 되었으며
저희들이 오늘에야 참아라한 되었기에
온세간의 천인인간 마군들과 범천등의
모든대중 들로부터 널리공양 받나이다
희유하게 나타내고 자비로써 교화하여
이익얻게 하오시는 부처님의 크신은혜
억천겁이 지나간들 어찌능히 갚으리까
수족되어 받들면서 머리숙여 예경하고
온갖것을 공양한들 은혜어찌 다갚으며
머리위에 받들거나 어깨위에 모시어서
^{恒河沙數}
항하사수 오랜세월 마음다해 공양하되
맛이좋은 음식들과 보배로운 의복들과
아름다운 이부자리 효과좋은 탕약이며
우두전단 좋은향과 여러가지 보배로써
넓고높은 탑세우고 옷을벗어 땅에깔며
정성다해 공양해도 은혜어찌 갚으리까
희유하신 부처님은 한량없고 가이없고
생각조차 할수없는 신통력을 나투시고

제4 신해품 · 145

무루무위(無漏無爲) 법들모두 증득하신 법왕(法王)이나
모자라는 중생위해 이모두를 감추시고
상(相)을쫓는 범부에게 근기맞춰 설합니다
부처님들 모든법에 자유자재 하시지만
중생들의 여러가지 욕구와뜻 아시기에
능히감당 할수있는 그네들의 근기(根機)따라
한량없는 비유로써 미묘한법 설합니다
중생들의 지난세상 숙세선근 어떠하고
그들근기 성숙함과 성숙못함 살피시어
일승도(一乘道)로 이끌고자 삼승법을 설합니다

〈제4 신해품 끝〉

묘법연화경 제3권

제5 약초유품
第五 藥草喩品

그때 세존께서 마하가섭(摩訶迦葉)과 큰 제자들에게 이르셨다.

"착하고 훌륭하구나, 가섭아. 여래의 진실한 공덕을 잘 말하였나니, 참으로 네가 말한 바와 같다. 여래에게는 한량없고 가없는 공덕이 있나니, 너희가 무량억겁(無量億劫)을 두고 말하여도 다 표현할 수 없느니라.

가섭아, 마땅히 알아라. 여래는 모든 법의 왕이시니 설한 바 법이 헛되지 않느니라. 또 모든 법을 지혜의 방편으로 설하나니, 그 설한 법을 통하여 일체지(一切智)의 땅에 이르게 하느니라. 여래는 모든 법의 돌아가는 곳〔歸趣(귀취)〕을 잘 관찰하여 알고, 모든 중생이 마음 깊이 구하는 바를 통달하여 걸림없이 알며, 제법諸法 모두를 분명하게 알기 때문에 중생들에게 일체 지혜를 보여주시느니라.

가섭아, 비유를 들리라.

③ 약초유藥草喩

이 삼천대천세계三千大千世界의 산천과 계곡과 대지에 있는 풀과 나무와 숲과 약초들의 종류는 매우 많으며, 그 모양도 각각 다르니라. 그런데 짙은 구름이 삼천대천세계를 두루 덮어서 일시에 큰 비를 내려 고루 적시면, 풀과 나무와 숲과 약초들의 작은 뿌리 작은 줄기 작은 가지 작은 잎과, 중간 뿌리 중간 줄기 중간 가지 중간 잎과, 큰 뿌리 큰 줄기 큰 가지 큰 잎 등을 가진 크고 작은 식물들이 상·중·하에 따라 각기 비를 흡수하게 되느니라.

이들 모두는 한 구름에서 내리는 비를 받지

만, 그 종류와 성질에 따라 각기 자라고 꽃피우고 열매를 맺는 것이 다르나니, 비록 같은 땅에서 나고 같은 비에 적셔졌지만 초목들 모두는 저마다 차별이 있느니라.

✿

가섭아, 마땅히 알아라. 여래 또한 이와 같나니, 여래가 세상에 출현함은 마치 큰 구름이 일어남과 같고, 큰 음성으로 온 세계의 천인·인간·아수라의 무리들에게 법을 설하는 것은 마치 큰 구름이 삼천대천세계를 두루 덮는 것과 같으니라.

나는 대중들을 향해 외치느니라.

'나는 여래·응공·정변지·명행족·선서·세간해·무상사·조어장부·천인사·불세존이다. 아직 제도 받지 못한 이를 제도하고, 해탈하지 못한 이를 해탈케 하며, 편안하지 못한 이를 편안케 하고, 열반에 이르지 못한 이를 열반에 이르게 한다. 나는 현세와 후세를 한결같이 모두 아는 일체지자(一切知者)요 일체를 보는 일체견자(一切見者)요 도를 아는 지도자(知道者)요 도를 여는 개도자(開道者)요 도를 설하는 설도자(說道者)이니, 천인·인간·아수라의 무리들은 모두 이곳으로 와서 법을 들을지니라.'

이에 한량없는 천만억 중생들은 부처님 계신 곳으로 와서 법문을 듣느니라.

그때 여래는 또다시 중생들이 지닌 날카롭고 둔하고 부지런하고 게으른 근기(根機) 등을 모두 관찰하여, 그들 각각이 감당할 수 있는 바에 따라 갖가지로 설법을 함으로써, 모두에게 환희롭고 훌륭한 이익을 얻을 수 있게 하느니라.

중생들이 이 법문을 들으면, 현세에는 편안하고 후세에는 좋은 곳에 태어나며, 도를 수지하는 즐거움을 누리게 되느니라. 또 법을 들으면 업장과 장애들을 떠나게 되고, 능력에 따라 점차 도를 깨닫게 되느니라.

이는 마치 저 큰 구름이 모든 풀과 나무와 숲과 약초에 비를 내리면, 각기 그 종류와 성질에 따라 물기를 빨아들여 나름대로 자라나는 것과 같으니라.

여래가 설하는 법은 한가지 모습〔一相〕이요 한 가지 맛〔一味〕이니, 이른바 괴로움을 벗어난 해탈상(解脫相)이요 번뇌를 떠난 이상(離相)이요 생사를 멸한 멸상(滅相)으로, 마지막에는 부처님의 일체종지(一切種智)에 이르게 하느니라.

중생들은 여래의 설법을 듣고 받아 지녀서 읽고 외우고 가르침대로 수행하지만, 그 결과로 얻게 되는 공덕은 그들 자신도 알지를 못하느니라.

왜냐하면 오직 여래만이 중생의 종류〔種〕와 모양〔相〕과 몸〔體〕과 성품〔性〕을 알되, 무엇을 염려하고 무엇을 생각하고 무엇을 닦는지, 어찌하여 염려하고 어찌하여 생각하고 어찌하여 닦는지, 어떤 법을 염려하고 어떤 법을 생각하고 어떤 법을 닦고 어떤 법을 얻는지 등, 중생들이 머무는 갖가지 경계를 오직 여래만이 있는 그대로 보고 막힘없이 명확하게 알기 때문이니라.

이는 마치 저 풀과 나무와 숲과 약초들의 성품이 상·중·하 어디에 속하는지를 스스로 알지 못하는 것과 같으니라.

여래는 한 모습이요 한 맛인 일상일미지법(一相一味之法)을 아나니, 이른바 해탈상(解脫相)·이상(離相)·멸상(滅相)과 구경열반(究竟涅槃)인 적멸상(寂滅相) 등이 결국은 공(空)으로 돌아감을 아느니라.

그러나 중생들의 바라는 바를 관하고 그것을 지켜 주고자, 부처님의 일체종지(一切種智)를 곧바로 설하지 않느니라.

가섭과 너희는 여래가 근기에 따라 설법하는 것을 잘 알아서 능히 믿고 수지하니 참으로 드문 일이다. 왜냐하면 제불세존이 근기에 따라 법을 설한다는 것은 이해하기도 어렵고 알기도 어렵기 때문이니라."

그때 세존께서는 이 뜻을 거듭 밝히고자 게

송으로 이르셨다.

미혹벗은 법의왕은 이세상에 출현하여
중생욕망 관하면서 갖가지로 설법하나
존귀하고 무게있고 지혜깊은 부처님은
중요한법 간직할뿐 쉽게말씀 아니하니
지혜인이 듣게되면 능히믿고 이해하나
무지한자(無智) 의심하여 법을잃기 때문이다
가섭이여 그러므로 근기맞춰 설하여서
가지가지 인연으로 정견(正見)얻게 하느니라
가섭이여 비유하면 큰구름이 생겨나서
이세간의 모든것을 다덮음과 같음이니
지혜구름 습기품자 번갯불이 번쩍이고
우레소리 진동하니 모든사람 기뻐한다
태양빛을 가려주어 땅위에는 서늘하고
짙은구름 손닿을듯 아주낮게 드리워져
동서남북 모든땅에 고루고루 비내리되
한량없이 퍼부어서 충분하게 적셔준다

제5 약초유품 · 155

산과내와 험한골짝 모든곳에 자라나는
풀과나무 약초등의 크고작은 수목들과
모든곡식 새싹들과 사탕수수 포도등은
흠뻑비를 맞았기에 흡족하기 그지없고
마른땅도 고루젖어 약초모두 잘자란다
구름에서 내린비는 맛이오직 일미(一味)인데
모든풀과 나무들이 분수대로 흡수하고
크고작고 중간것등 상중하의 초목들도
적절하게 빨아들여 모두모두 자라나니
뿌리줄기 가지와잎 꽃과열매 모든부분
같은비를 맞았기에 좋은빛깔 나타낸다
그렇지만 특성이나 크고작은 모양따라
같은비를 맞았지만 무성함은 각각이다
큰구름이 일어나서 온세상을 두루덮듯
부처님도 이와같아 이세상에 출현하고
이세상에 오신다음 일체중생 위하여서
모든법의 참된이치 분별하여 설하노라
큰성인인 부처님은 천인들과 인간들과

이와같이 선언한다
함께갖춘 여래로서
이세상에 출현하여
흡족하게 적셔주어
안온하기 그지없는
함께얻게 하느니라
모두다들 여기와서
일심으로 경청하라
더존귀한 이는없다
이세상에 출현하여
감로법문 설하노라
해탈열반 법문이니
이법문을 널리설해
인과 연을 짓느니라'
한결같이 평등하여
곱고미운 마음없고
걸림또한 없느니라
평등하게 설법하되

많고많은 대중향해
'나는바로 복과지혜
큰구름이 일어나듯
말라있는 일체중생
괴로움을 모두떠나
세간락(世間樂)과 열반락(涅槃樂)을
천인들과 인간들은
무상존(無上尊)을 친견하고
나는바로 세존(世尊)이요
모든중생 편케하려
대중위해 맑디맑은
그법문은 오직한맛
하나같은 묘음(妙音)으로
대승법을 펼수있는
나에게는 모든중생
이것저것 나누거나
탐착하는 생각이나
항상모든 중생위해

제5 약초유품 · 157

한사람과　뭇대중을　다름없이　대하면서
한결같이　설법할뿐　다른일을　한적없고
피곤함을　잊은채로　가고오고　앉고서며
모든세간　남김없이　충족시켜　주었나니
온세상을　비가고루　적셔주는　것과같다
귀인천인　높고낮음　지계파계　가림없고
예법격식　갖췄거나　예법격식　못갖춘이
바른사람　삿된사람　총명한이　둔한사람
모두에게　법의비를　평등하게　내려주되
게으름을　부릴줄도　지칠줄도　몰랐노라
온세계의　모든중생　내법문을　듣고나면
능력따라　받아익혀　여러경지　머무노라
인간들과　천인들과　전륜성왕　제석천왕
범천왕이　되는이는　바로작은　약초이고
번뇌없는　청정한법　깨달아서　열반얻고
육신통을　일으키고　삼명(三明)모두　얻는이와
산림속에　머무르며　홀로선정　행하여서
연각경지　이루는이　바로중간　약초이고

나도성불 하겠다며 선정닦고 정진하여
부처경지 구하는이 바로상품 약초로다
또한여러 불자들이 마음다해 불도닦고
자비행을 늘행하며 틀림없이 성불함을
의심없이 아는이는 바로작은 나무이고
신통능히 부리면서 불퇴전의 법륜굴려
한량없는 백천만억 중생들을 제도하는
대자재한 보살들은 큰나무라 하느니라
부처설법 평등함은 마치한맛 비같지만
중생들이 받는바는 성품따라 다르나니
여러초목 비를달리 흡수함과 같으니라
부처님은 방편써서 여러가지 비유들과
여러가지 이야기로 한가지법 설하지만
불지혜로(佛智慧) 비춰볼때 이비유와 설법들은
큰바닷속 한방울의 물과다름 없느니라
내가이제 법비내려 세간두루 적셨으되
중생들이 일미의법 능력따라 수행함은
저숲속의 풀과약초 크고작은 나무들이

제5 약초유품 · 159

자기들의　근기따라　자라남과　같으니라
제불들은　어느때나　일미의법　가지고서
모든세간　중생에게　골고루다　들려준뒤
차츰차츰　행을닦아　도과(道果)얻게　하느니라
성문이나　연각들이　산림속에　있으면서
법을듣고　과(果)얻는것　최후몸(最後身)을　삼는다면
이는마치　약초들의　자라남과　같음이요
만일모든　보살들이　그견고한　지혜로써
삼계이치　밝게알고　최상승법(最上乘法)　구한다면
이는마치　작은나무　자라남과　같음이며
어떤사람　선정닦아　신통력을　지니고서
제법공(諸法空)의　설법듣고　한량없이　기뻐하며
다함없는　광명놓아　중생들을　제도하면
이는마치　큰나무의　자라남과　같으니라
이와같다　가섭이여　부처님이　설하신법
비유하면　큰구름이　한가지맛　비를내려
사람꽃을　적시어서　열매맺게　함이로다
가섭이여　잘알아라　여러가지　인연들과

가지가지 　비유로써 　불도열어 　보이는것
이는나의 　방편이자 　제불들의 　방편이다
내가이제 　너희위해 　참다운법 　설하노니
아직까지 　참된멸도 　얻지못한 　성문들이
진정으로 　행할바는 　이보살도 　뿐일러니
점점배워 　다닦으면 　모두가다 　성불한다

〈제5 약초유품 끝〉

제6 수기품
第六 授記品

세존께서는 게송을 설하신 뒤 대중들에게 이르셨다.

"나의 제자 마하가섭은 미래세에 3백만억 부처님들을 받들어 모시고 공양하고 공경하고 존중하고 찬탄하면서, 그 부처님들의 크고도 한량없는 법을 널리 편 다음 최후의 몸[最後身]으로 성불하나니, 이름은 광명(光明)여래·응공·정변지·명행족·선서·세간해·무상사·조어장부·천인사·불세존이요, 나라 이름은 광덕(光德)이며, 겁의 이름은 대장엄(大莊嚴)이니라. 광명여래의 수명은 12소겁이요, 정법(正法)이 세상에 머무름은 20소겁이며, 상법(像法) 또한 20소겁 동안 머무느니라.

그 나라는 장엄하게 꾸며져 기와나 돌조각·가시·똥오줌 등의 더러운 것들이 없으며, 땅은 평평하고 반듯하여 높고 낮은 구렁이나 언덕이 없느니라. 또 유리로 된 땅에 보배나무가 줄지어 서 있고, 길가는 황금줄로 장식되어 있으며, 온갖 보배로운 꽃들을 뿌려 주변을 늘 청정하게 하느니라.

그 나라에는 보살의 수가 천억이요, 성문들 또한 무수히 많으며, 마(魔)의 장난이 없나니, 비록 마왕이나 마의 무리가 있다 하더라도 모두가 불법을 수호하느니라."

세존께서는 이 뜻을 거듭 밝히고자 게송으로 이르셨다.

비구들아 이르노니 부처님의 눈으로써
대가섭을 살펴보니 무수한 겁 지낸 뒤의
다가오는 세상에서 성불하게 됨이로다
대가섭은 미래세에 삼백만억 부처님을

친견하고 받들면서 지극정성 공양하되
부처 지혜 얻기위해 청정하게 수행하며
세상에서 가장높은 양족존께 공양하고
위가없는 높은지혜 한결같이 닦고익혀
마침내는 그몸으로 광명여래 되느니라
그나라는 맑디맑은 유리로써 땅이되고
여러가지 보배나무 도로옆에 즐비하며
황금줄로 길가둘러 보는이들 기뻐하며
향기좋은 여러꽃을 항상흘어 뿌리옵고
기묘하고 아름다운 보배로써 꾸몄으며
땅이모두 평평하여 언덕구렁 없느니라
그수효를 알수없는 많고많은 보살들은
마음들이 부드럽고 큰신통을 얻게되며
부처님과 대승경전 잘받들어 지니노라
대법왕의 아들로서 번뇌없는 몸을얻은
성문들의 수효또한 헤아릴수 없이많아
천안으로 볼지라도 능히세지 못하니라
광명여래 누릴수명 십이소겁 능히되며

바른법은　그세상에　이십소겁　머무르고
상법또한　그세상에　이십소겁　머무르니
가섭후신　광명불의　세상일이　이같노라
　　　　　光明佛

　이때, 대목건련과 수보리와 마하가전연 등이 매우 송구스러워하면서 일심으로 합장하여 잠시도 눈을 떼지 않고 부처님을 우러러 보았다. 그리고 각자 목소리를 맞추어 게송으로 아뢰었다.

용맹하신　대웅세존　석가족의　법왕이여
불쌍하게　여기시어　말씀내려　주옵소서
저희마음　아시고서　수기하여　주신다면
감로수로　열을식혀　청량얻음　같으리다
이는마치　흉년이든　나라에서　온사람이
왕이먹는　좋은음식　한상가득　얻었으나
의심하고　두려워해　감히먹지　못하다가
먹으라는　왕의분부　받은다음　먹게되듯

저희또한　그와같아　소승속에　있으면서
그허물만　생각할뿐　부처님의　높은지혜
어찌해야　얻는지를　전혀알지　못합니다
'너희들도　성불한다'　세존말씀　하셨어도
마음에는　근심의심　오히려더　생겨나서
왕의음식　감히먹지　못하듯이　되었으니
만일수기　주신다면　이내편안　하오리다
온세상을　편케하는　용맹하신　세존이여
원하오니　저희에게　수기내려　주옵소서
주린이가　먹으라는　분부듣듯　하오리다

그때 세존께서 큰 제자들의 속 생각을 아시고 비구들에게 이르셨다.

"수보리는 미래세에 3백만억 나유타(那由他)에 이르는 부처님들을 받들어 모시고 공양하고 공경하고 존중하고 찬탄하면서 늘 청정하게 수행하여 보살도를 모두 갖춘 다음 최후의 몸으로 성불하나니 이름은 명상여래(名相)·응공·정변지·

명행족·선서·세간해·무상사·조어장부·천인사·불세존이요, 겁의 이름은 유보(有寶)이며, 나라의 이름은 보생(寶生)이니라.

평평하고 반듯하며 파리로 된 그 나라의 땅은 보배 나무로 장식되어 있고, 언덕이나 구렁·모래·자갈·가시덤불·똥오줌 등의 더러운 것들이 없으며, 귀한 꽃들이 땅을 덮고 있어 주변은 늘 청정하고, 그 나라 백성들은 모두 훌륭한 집과 아름다운 누각에서 사느니라.

성문 제자의 수는 무량무변하여 셈이나 비유로는 알 수가 없으며, 보살들 또한 천만억 나유타에 이르느니라. 명상여래의 수명은 12소겁이요, 정법과 상법이 이 세상에 머무름은 각각 20소겁이니라. 그 부처님은 늘 허공에 머무르면서 대중들에게 설법하여 한량없는 보살과 성문들을 해탈케 하느니라."

세존께서는 이 뜻을 거듭 밝히고자 게송으로 이르셨다.

제6 수기품 · 167

여러 모든 비구들아 너희에게 이르노니
한마음을 기울여서 나의 말을 잘 들으라
수보리는 성불하면 명상(名相)이라 이름한다
한량없는 만억부처 친견하여 공양하고
부처님들 따르면서 점점 큰 도 이루다가
마지막의 몸을 받아 삼십이상 다 갖추니
단정하고 미묘하기 보배로운 산과 같다
명상여래 불국토는 장엄하고 깨끗하여
이를 보는 사람마다 사랑하고 기뻐하며
부처님은 그곳에서 무량 중생 제도한다
명상여래 법 속에는 보살들이 가득한데
모두 근기 영리하고 불퇴전의 법륜 굴려
그 나라를 장엄하고 빛이 나게 하느니라
셀 수 없이 많고 많은 여러 성문 무리들은
하나같이 삼명(三明) 얻고 육신통을 갖추었고
팔해탈(八解脫)에 머무르며 큰 위덕을 발하노라
명상여래 설법하며 나타내는 신통 변화
한량없고 가이없어 불가사의 하옵기에

항하모래 같이많은 천인들과 사람들이
모두함께 합장하고 그설법을 듣느니라
명상여래 누릴수명 십이소겁 능히되고
바른정법 그세상에 이십소겁 머무르며
정법뒤의 상법또한 이십소겁 머무니라

세존께서는 다시 비구들에게 이르셨다.

"내 너희에게 이르노라. 마하가전연은 미래세에 갖가지 공양물로 8천억이나 되는 부처님들을 받들어 섬기고 공양하고 공경하고 존중하느니라. 그리고 그 부처님들이 멸도하신 뒤에는 금·은·유리·자거·마노·진주·매괴 등의 칠보로, 높이 천 유순, 둘레 5백 유순인 탑을 세워, 꽃과 영락과 바르는 향과 가루 향과 사르는 향과 천개(天蓋)와 깃발 등으로 공양을 하느니라.

이 불사를 마친 뒤에는 다시 탑에 공양을 한 것과 같이 2만억이나 되는 부처님들을 공양하고, 이를 다한 뒤에 보살도를 완전히 갖추어 성불하리니, 이름은 염부나제금광여래(閻浮那提金光)·응공·정변지·명행족·선서·세간해·무상사·조어장부·천인사·불세존이니라.

평평하고 반듯하며 파리로 된 그 나라의 땅에는 보배 나무가 줄지어 서있고, 길가는 황금줄로 장식되어 있으며, 늘 묘한 꽃들이 땅을 덮고 한없이 청정하여, 보는 이마다 기뻐하느니라.

사악도(四惡道)인 지옥·아귀·축생·아수라가 없고 천인들과 인간들이 많으며, 한량없는 성문들과 보살들이 그 국토를 빛내느니라. 그 부처님의 수명은 12소겁이요, 정법과 상법은 각각 20소겁 동안 세상에 머무느니라."

세존께서는 이 뜻을 거듭 밝히고자 게송으로 이르셨다.

비구들아 모름지기 일심으로 들을지니

내가 설한　모든 법문　진실하고　틀림없다
큰 비구인　가전연은　여러 좋은　공양물로
많고 많은　부처님께　공양하게　될 것이요
부처님들　멸도한 뒤　칠보탑을　건립하여
아름다운　꽃과 향을　불사리에　공양하고
마지막의　몸으로써　부처님의　지혜 얻어
가장 높고　평등하온　등정각을(等正覺)　이루니라
청정국토　그곳에서　만억 중생　제도하고
시방 중생　모두에게　많은 공양　받게 되니
그 부처님　밝은 광명　누가 감히　능가하랴
그리하여　이름까지　염부금광(閻浮金光)　이라 하며
일체 미혹　모두 끊은　보살들과　성문들이
셀 수 없이　많고 많아　그 나라를　빛내노라

그때 세존께서 다시 대중들에게 이르셨다.

"내 너희들에게 이르노니, 마하목건련은 미래세에 갖가지 공양물로 8천 부처님들을 공양하고 공경하고 존중하느니라. 그리고 그 부처님들이 멸도하면 금·은·유리·자거·마노·진주·매괴 등의 칠보로 높이 천 유순, 둘레 5백 유순의 탑을 세워, 갖가지 꽃과 영락과 바르는 향과 가루 향과 사르는 향과 천개·깃발 등으로 공양하느니라.

이 불사를 마친 뒤에는 2백만억이나 되는 부처님들을 탑에 공양하는 것과 같이 공양한 뒤에 성불하리니, 이름은 다마라발전단향여래(多摩羅跋栴檀香)·응공·정변지·명행족·선서·세간해·무상사·조어장부·천인사·불세존이요, 겁의 이름은 희만(喜滿), 나라의 이름은 의락(意樂)이니라.

평평하고 반듯하며 파리로 된 그 나라의 땅은 보배 나무가 줄지어 서 있고, 진주화(眞珠華)가 땅에 뿌려져 있으며, 한없이 청정하여 보는 이마다 기뻐하느니라. 그 나라에는 천인과 인간이 매우 많고 보살과 성문들 또한 한량이 없느니라. 그 부처님의 수명은 24소겁이요, 정법과 상법은 각각 40소겁 동안 세상에 머무느니라."

세존께서는 이 뜻을 거듭 밝히고자 게송으로 이르셨다.

나의 제자 목건련은 이번 생을 마친 뒤에
팔천불(八千佛)과 이백만억 부처님을 친견하여
무상불도(無上佛道) 얻기 위해 공양하고 공경하며
부처님들 계신 데서 청정하게 수행하고
한량없는 세월 동안 부처님 법 받드노라
부처님들 열반하면 칠보탑을 세우나니
금으로 된 깃대 달고 꽃과 향과 기악으로
불사리탑 공양하고 보살도를 구족한 뒤
부처님이 되시나니 나라 이름 의락(意樂)이요
그 이름은 다마라발(多摩羅跋) 전단향불(栴香佛) 이라 하며
그 부처님 누릴 수명 이십 소겁 능히 된다
천인들과 사람 위해 항상 불도 설하시니
항하 모래 만큼 많은 한량없는 성문들은
육신통과 삼명(三明) 갖춰 큰 위덕을 구족하고
굳건하게 정진하는 많고많은 보살들은

제6 수기품 · 173

부처지혜 구함에서 물러나지 않느니라
전단향불 열반뒤에 그세상에 머무르는
정법시기 상법시기 각각사십 소겁이다

나의여러 제자중에 위엄과덕 갖춘이는
그수효가 오백이니 한사람도 빠짐없이
모두가다 불도이뤄 부처됨을 수기한다
이제나와 너희들의 지난세상 인연들을
분명하게 설하리니 마음모아 잘들으라

〈제6 수기품 끝〉

편역자 김현준 金鉉埈

　동국대학교 대학원에서 불교학을 전공하고, 한국학중앙연구원에서 한국불교를 연구하였으며, 우리문화연구원 원장과 성보문화재연구원 원장을 역임하였다. 현재 불교신행연구원 원장, 월간「법공양」 발행인 겸 편집인, 효림출판사와 새벽숲출판사의 주필 및 고문으로 활동하고 있다.
　저서로는『사찰, 그 속에 깃든 의미』·『생활 속의 반야심경』·『생활 속의 천수경』·『생활 속의 보왕삼매론』·『예불문, 그 속에 깃든 의미』·『육바라밀』·『사성제와 팔정도』·『삼법인·중도』·『인연법』·『사섭법』·『광명진언 기도법』·『신묘장구대다라니 기도법』·『참회·참회기도법』·『불교의 자녀사랑 기도법』·『기도성취 백팔문답』·『참회와 사랑의 기도법』·『미타신앙·미타기도법』·『관음신앙·관음기도법』·『지장신앙·지장기도법』·『석가 우리들의 부처님』·『참 생명을 찾는 경봉스님 가르침』·『선수행의 길잡이』·『아! 일타큰스님』·『바보가 되거라』 등이 있다.
　『자비도량참법』·『약사경』·『지장경』·『육조단경』·『보현행원품』·『부모은중경』을 한글로 번역하였으며,〈원효의 참회사상〉등 다수의 논문이 있다.

법화경 제1책

초　판　1쇄 펴낸날　2015년　6월　17일 (초판 3쇄 발행)
개정판　1쇄 펴낸날　2018년　7월　12일
　　　　4쇄 펴낸날　2025년　2월　19일

역　자　김현준
펴낸이　김연지
펴낸곳　효림출판사

등　록　1992년 1월 13일 (제2-1305호)
주　소　서울특별시 서초구 반포대로14길 30, 907호 (서초동, 센츄리I)
전　화　02-582-6612, 587-6612
팩　스　02-586-9078
이메일　hyorim@nate.com

값 7,000원

ⓒ 효림출판사 2018

ISBN　979-11-87508-20-5　04220
　　　　979-11-87508-19-9　04220 (세트)

표지 사진 : 성보문화재연구원 제공
※ 잘못 만들어진 책은 바꿔 드립니다.
이 책은 저작권법에 따라 보호를 받는 저작물이므로 무단전재와 무단복제를 금지합니다.